度〕泰戈尔——著

白开元——译

星期三的河缓慢流

江苏凤凰文艺出版社
JIANGSU PHOENIX LITERATURE AND
ART PUBLISHING

图书在版编目（CIP）数据

星期三的河缓慢流 / （印）泰戈尔
(Rabindranath Tagore) 著 ; 白开元译. -- 南京 : 江苏凤凰文艺出版社, 2025. 10. -- ISBN 978-7-5808 -0085-5

Ⅰ. I351.65

中国国家版本馆CIP数据核字第2025ZE7328号

星期三的河缓慢流

［印度］泰戈尔　著　白开元　译

责任编辑	项雷达
图书监制	古三月
选题策划	刘文文
封面设计	末末美书
版式设计	姜　楠
责任印制	杨　丹
出版发行	江苏凤凰文艺出版社
	南京市中央路 165 号，邮编：210009
网　址	http://www.jswenyi.com
印　刷	唐山富达印务有限公司
开　本	880 毫米 ×1230 毫米　1/32
印　张	11.75
字　数	130 千字
版　次	2025 年 10 月第 1 版
印　次	2025 年 10 月第 1 次印刷
书　号	ISBN 978-7-5808-0085-5
定　价	59.80 元

江苏凤凰文艺版图书凡印刷、装订错误，可向出版社调换，联系电话025-83280257

目录

第一章
我深爱这片热土

第三章
歌是我的云使

第四章
游走世界的表记

第一章

我深爱这片热土

乘船飘游

清澄的月夜，幽寂的河岸，远处树木掩映的村庄在沉睡，除了蟋蟀的叫声，听不见别的声音从清晨到晚上七八点钟，我一直乘船飘游。唯一能吸引我的是流变。两边的河堤，缓缓退出我的视野，落到身后去了。我整天凝神眺望，无法从两岸的景色收回我的视线。

　　我安不下心来读书，安不下心来写作，安不下心来做一件事，只是静静地观赏，这样做倒不是因为有变幻的景致。有的地段，岸上光秃秃的，只有不长树的陡堤在默默地后退。但不停息的运动，富于最大的魅力。我不必筹划，不必劳作，外面无休止的运动，却一直轻轻地静静地触摸着我的心。不用我劳神费心，也不让我的心憩息，这就是此刻的情状，就像坐在椅子上，懒洋洋地晃动着跷起的二郎腿。

　　卡里格拉姆河的水流细瘦，像垂死的人血管里几乎流不动的血液，昨天，我的船终于从那儿驶出来，缓缓进入流水湍急的另一条河中。沿着那条河，渐渐到了河岸与河水差不多浑然交融的地方。河流和河岸的形态的差异慢慢消失，如同幼小的一对兄妹。岸和水长得一样高，再也见不到所谓的岸堤，河流苗条的身材也逐渐隐逝了——它分解为许多股细流，朝各个方向流去，漫成沼泽。看了这儿的一丛丛青草，再看那儿的一泓泓清水，我不禁想起地球的幼年时代。那时，陆地刚从沧海中冒出头来，水域和陆地的权限尚未确定。

我的船四周竖立着许多布网的竹竿，鱼鹰在空中盘旋，随时准备俯冲下来叼起入网之鱼。儒雅的白鹤单腿伫立在水边的淤泥上，似在沉思。种类繁多的水禽不可胜数。水中漂浮着水草。泥沙淤积成的稻田，不用施肥，生长着葱绿的水稻。静水上飞舞着蚊蚋。

抵达卡吉加泰，但见沼泽里的水飞快地涌向弯弯曲曲、六七码宽的沟渠。我们这艘大船穿过沟渠，惊心动魄。湍流闪电般地把这艘船往外拽去。划桨的水手赶紧抄起竹篙，东挡西撑，防止大船与岸相撞。

潮湿的河风呼呼地吹拂，天上阴云密布，不时下一阵雨。水手们冷得瑟瑟发抖。不一会儿，我的船驰入一条宽阔的河中。冬天云遮雾绕，阴湿的天气让人浑身感到不舒服。一上午我没精打采。

下午两点，太阳钻出云雾，之后天气一直很好。河堤陡峭，两岸散布的树林和村落，是那样宁静，那样安谧，那样幽美。这条河蜿蜒地流淌，慷慨地布施着迷人的美丽。这是我们孟加拉内地一条鲜为人知的河，交融着慈爱、柔情和甜美。她既不慵懒，也不辛劳。村里的姑娘们来到河埠汲水，坐在水边，非常细心地用毛巾擦洗她们的柔体，直到擦得干干净净。河水潺潺流淌，仿佛每日对她们倾诉心声，复述她们的家务事儿。

傍晚，我的船泊在极为幽静的河湾里。一轮圆月升上天空，远远近近看不见别的船，月辉在水面上粼粼闪光。清澄的月夜，幽寂的河岸，远处树木掩映的村庄在沉睡，除了蟋蟀的叫声，听不见别的声音。

宇宙这部巨著何等神奇

清晨，太阳冉冉升起，翻开宇宙这部巨著的一页我们的船停泊在希拉伊达哈对岸的沙洲前。这是一片空阔的沙洲，一眼望不到边。远处流淌的河水细如白练，白沙常被误认为是河水。沙洲上没有树木，没有野草，没有村落，杳无人影。作为一种奇特地貌，有的地方裸露出湿润的黑泥，有的地方尽是干燥的白沙。

往东眺望，只见上面是无垠的碧空，下面是漫漫沙土。天茫茫，地茫茫，这样的荒凉景象，我在别处从未见过。朝西望去，映入眼帘的，是断流的小河瘦骨嶙峋的胸脯，对岸的陡堤、树林、农舍，在夕阳照耀下像奇异的梦境，让人觉得彼岸有创造，而此岸只有毁灭。

黄昏时分，我们外出散步，那奇妙的景象深深地印在我们的心幕上。住在加尔各答，我们可能忘记世界上有如此奇美的景观。这小河边宁静的树林中，每日夕阳下垂。这宽广、冷寂、灰蒙蒙的沙洲上，每夜繁星无声地闪现，身临其境，方能知晓大千世界发生多少令人叹为观止的秀丽自然现象。

清晨，太阳冉冉升起，翻开宇宙这部巨著的一页，黄昏，在西方翻开的另一页摊在天幕上，这部巨著何等神奇！这浅清的河流，这延伸到地平线的沙渚，彼岸画一般被忽略的旷野，多像一座幽静的大学校！哦，在孟加拉的首府听了这几句话，会觉得它是一首浪漫的抒情诗。但这几句话与此时此地的景象是完全吻合的。

傍晚时分，孩子们由仆人陪伴朝一个方向走去了，帕鲁和我各走各的路，两位女士朝另一个方向结伴而行。

夕阳坠入地平线，天上绚丽的霞光渐渐消失。暮霭漫散开来，四下里一片昏暗。不知不觉，看到了自己淡淡的身影，仰首远望，一钩弯月闪射着清辉。朦胧的月光笼罩着白森森的沙洲，我的眼睛疑惑起来，究竟哪儿是沙土，哪儿是河水，哪儿是大地，哪儿是天穹？只能凭感觉猜测。周围的一切仿佛浑然交融，形成了虚幻的蜃景。

我在那幻景般的河边走了很久，回到船上发现除了几个孩子，其他人都没有回来。我一动不动地坐在椅子上，拿起一本名为《动物磁力》的书，凑在昏黄的灯光下读了起来。那几个人许久不归，我不禁有些着急，把书倒扣在床上，出了船舱，上了二层甲板，举目四望，不见有乌黑秀发的头颅。万物混沌不清。我使劲喊了一声："帕鲁——"焦急的声音朝四周飞去，可半天听不到回音。我的心一下子抽紧了，就像张开的一把大伞猛地收拢了一样。

见我坐立不安，迦富尔提着灯笼跟我下船找人，波罗索诺和船夫随即也下船，大家分头搜寻。

我朝一个方向大声喊道："帕鲁——"波罗索诺朝另一个方向叫喊："婵婵——"不时听见船夫也在呼喊："先生——先生——"沙漠般沙洲上的静夜里，焦灼的喊声此起彼伏，然而始终听不到答话。迦富尔有一两次惊喜地叫道："我看见了！"可接着又纠正说："不，没看见人。"

寂静的夜晚，暗淡的月光，空旷的沙洲，远处迦富尔的灯笼在游动，时而一个地方响起焦急的喊声，少顷从四周飘回沮丧的回声，时而有了一点儿希望，随即又是深深的失望。

种种让人胆战心惊的危险，涌入我的脑海。忽而担心他们掉进很深的沙坑，爬不出来，忽而担心帕鲁突然昏厥，跌倒在地，忽而担心发生别的什么意外。想象中还出现过各种凶猛的野兽。

我在心中哀叹："他们这几个救不了自己的人，无忧无虑地让别人担惊受怕。"

提心吊胆地等了几个小时，船夫回来禀报，他们穿过沙洲，登上河对岸，回不来了。我吩咐船夫赶快把船撑过去。

我见他们个个疲惫不堪，没精打采，懊恼不已，默默地把准备好的"味道鲜美"的责备留在了肚里。

降落的暮霭似淡淡的忧郁

　　一钩下弦月悄然洒下清辉。河畔一串浅浅的
足印朝田野延伸过去

我吩咐船老大把船撑到远离公事房的幽僻之地，抛锚系缆。这儿看不见人影。周围是空旷的田野，农作物收割完毕，地里到处是一丛丛稻茬儿。

昨天，白昼将逝，太阳下落的时候，我下船散步。太阳渐渐变成血红色，落到了地平线底下。四周的景色如此幽美，不是我这支秃笔能够逼真地描绘的。地平线上矗立着的屏风般的树木的地方，好似幻境——红霞和蔚蓝缓缓融合，扑朔迷离——那儿仿佛是黄昏女神的洞府，她步履轻盈地往洞府走去，鲜红的广袖从西天垂落下来。她伸出素手小心翼翼地点燃晚星，在安详的眉宇间点一颗吉祥痣，静坐着在等待哪位神仙。少时，她伸直腿，采撷晚星，哼着歌儿编一条金光闪闪的项链，随手撒出一个个梦幻。

无边的原野上降落的暮霭，似淡淡的忧郁，也似不眨的长长的睫毛下深沉、湿润的顾盼，但不像泪水。可以这样想象：大地母亲拥搂着城镇村寨里她的儿女和他们的家务与欢声笑语，在有些许空隙，有些许沉寂，有一抹云霁了的天际的地方，泄露出她博大慈心深处的离愁别绪，听得见她的长吁短叹。

欧洲的哪个国家是否有印度这样空廓、澄明

的蓝天和一望无际的原野，不得而知。这样的地貌使我们的民族得以发现大千世界的无穷离情。我们的普尔比调和杜里特调歌曲表现的是大千世界内心的喟叹，而不是一家一户的恩怨。世界的每块土地是辛勤的、温柔的，但具有局限性，它的情感没有机会对我们的心灵施加影响。世界的恬远、罕见而无限的情感，使我们变得冷漠。所以，弦琴弹出多变的维伊罗毗调歌曲，紧紧地吸引印度的心。

昨天黄昏时分，寂静的田野上回荡着暮曲，方圆十英里之内，只有我一个人缓步而行。唯一的随从缠着头巾，手握木棍，肃立在船旁。我左边的一条小河，在陡峭的堤岸之间迂回地流出，不远便流出了我的视野，微波不兴，只有极为衰惫的笑容般的夕辉，在水面上闪烁了片刻。

广袤的原野，宏大的静默，只有在沙土里筑巢栖息的一种鸟儿，随着暮色渐浓，见我在它们幽秘的巢外来回走动，以怀疑、焦虑的声音冲我喊喊喳喳地啼叫。一钩下弦月悄然洒下清辉。河畔一串浅浅的足印朝田野延伸过去，我低着头一面走一面思考问题。

树枝垂贴着朦胧的河岸

绿野似乎隐入了往昔

河水静寂

竹林凝然不动

小巷里传来一只手镯碰击水罐的丁当声

我深爱这片热土

　　我热爱静静地偃卧着的大地，我真想伸出双臂，拥抱她的树林、河流、原野，拥抱她的喧阗、岑寂，拥抱她的黎明、黄昏，拥抱她一切的一切

我热爱静静地偃卧着的大地，我真想伸出双臂，拥抱她的树林、河流、原野，拥抱她的喧阗、岑寂，拥抱她的黎明、黄昏，拥抱她一切的一切。

我们从大地获得的财富，难道能从天堂获得？我不知道天堂赐予了什么。但像人世间如此温柔、如此软弱、满心忧郁、不完美的人——这样的珍宝，是从哪儿送来的呢？我们的泥土母亲，我们的大地，在它生长着金色作物的农田，在它仁慈的河流两旁，在交织着苦乐、爱情的村寨里，把千千万万泪湿的珍宝装在怀里送来了。

我们这些不幸者却无力珍藏，也无力保护他们。各种隐秘的强大势力，扑过来从我们的怀里抢走那些珍宝，但可怜的大地仍然力所能及地做着自己的事。

我深爱这片热土，她脸上是广袤的愁容，她好像在心里说，我是大神的女儿，可我没有大神的威力。我爱人，可我保护不了人。我开创了一项项事业，可一项也没有完成。我给予新生，可阻挡不了死神伸过来的手。

我贫苦的母亲是如此无助，如此孤苦，有着那么多缺憾，终日怕失去爱而忧心忡忡。为此我仇视天堂，更加爱她的茅舍。

大地的儿女

　　寥廓的天空下，凛冽的寒风中，裸露的田野上，爱情、儿女、家务、劳动……组成他们的奇特生活纵目远望，清幽秀丽的水乡景色令人心旷神怡。我窗前的河对岸，四海为家的贝德人①搭起竹架，上面铺几张草席和毡布，便算是栖身之所了。那是三个简易小帐篷，人在里头直不起腰的。他们在帐篷外面做各种活计，晚上钻进去挤在一起睡觉。贝德人的习性亘古如斯，有点像吉卜赛人。他们没有固定的住所，不向地主交租。他们携儿带女，赶着狗，轰着猪，到处流浪。警察时时以警惕的目光监视他们。

　　我常站在窗前看他们干活儿。他们看上去挺随和，很像信德河东岸的居民。虽然皮肤黝黑，但身材壮实，矫健，相貌端正。他们的女人也很俊俏，身段匀称、苗条、颀长。热烈大方的动作颇像英国姑娘。他们无所顾忌的举止行动，富于快捷自然的节奏。我有时觉得她们简直就是黝黑的英国女性。

　　一个男的把铝饭锅搁在灶上，坐在一边削竹篾，编制篮子箩筐。他的妻子面对怀里的一面圆镜，细心勾了分发线，梳完头发，用湿毛巾非常仔细地擦净面颊，整理一下衣裙，干净利索地走到男人身边，盘膝坐着做零活儿。这情景很有诗

---

　　①　在孟加拉地区，贝德人以编制竹器、贩卖土特产、耍蛇为生。（所有注释均为译者注，后不再赘述。）

意。我认为，这些大地的儿女，常年挨着大地的躯体。但他们中间也有对美的渴求，也想方设法让对方开心。他们不知在哪儿出生。他们在漂泊中长大，最后不知在哪儿死去。我很想了解他们的现状，窥探他们的内心世界。

寥廓的天空下，凛冽的寒风中，裸露的田野上，爱情、儿女、家务、劳动……组成他们的奇特生活。我见他们不停地忙碌，没有一个人闲坐片刻。一个女人做完手头的活儿，立即坐在另一个女人身后，解开她的发髻，认真地捉虱子，估计俩人嘀嘀咕咕还在谈论三个帐篷里的隐秘，可惜离她们太远，听不清楚。

今天上午，无忧无虑的贝德人家里突然人声嘈杂。那是八九点钟光景。他们把睡觉盖的夹被和破旧褥子搭在帐篷上晒。几头大猪小猪簇拥在一起，远看像一堆土疙瘩。挨过了寒冷的长夜，晒太阳晒得正舒服。他们其中一家的两条狗，前脚踩在猪背上，汪汪叫着把它们轰了起来。那些猪不情愿地爬起来，哼哼唧唧觅食去了。我正在写日记，时而抬头瞥一眼窗前的土路，忽听路上传来了叱呵。我起身走到窗前，只见贝德人的帐篷前聚集了不少人。一个绅士模样的人，骂骂咧咧地挥舞着警棍。贝德人的头领神色惊慌，用发颤的声音争辩着。我猜测谁控告他们违反法规，警长特来找他们的麻烦。

有个贝德女人依旧专心致志地削竹篾，那儿仿佛只有她一个人，周围没有出事。俄顷，她霍地站起，毫无惧色地对警长挥动着手臂，连珠炮似的反驳。警长的气焰顿时大为收敛。他温和地想解释几句，但许久没有插嘴的机会。

警长走时态度软了许多，可是慢吞吞地走了一箭之遥，忽然气急败坏地吼道："听着，快给我滚蛋！"我以为我的邻里贝德人会拆掉帐篷，打点行囊，赶着狗，轰着猪，迁往别处。然而，始终不见动静。他们照样做饭，照样捉虱子，照样坦然地削竹篾。

童话中的神奇世界

这儿仿佛就是那遥远的广阔世界的清寂河
畔，弥漫着憧憬、幻想和迷茫

我吩咐水手把船泊在公事房对岸的沙洲旁边，下船心里感到特别舒畅。这一天和四周的氛围都让我觉得非常的惬意。

我和广阔的原野仿佛是久别重逢，她惊讶地说："啊——是你！"我几乎同时说道："啊——原来是你！"说罢我俩并肩而坐，不再说话。河水在潺潺流淌，河面上阳光熠熠闪耀，空旷的沙洲上生长着一丛丛灌木。流水声，中午宁静的光照，树丛里几只鸟的呖呖啼鸣……这一切组成神秘梦境。

我真想做一番细致的描写，不写别的，就写这潺潺的流水声，这阳光灿烂的时光，这空清的沙洲。每天巡游我都想动笔，写作是我的癖好呢，我一再在心里对自己这样絮叨。

驶过了几条大河，我的船进入一条小河。河边村姑们在沐浴，洗衣服，有一位穿着湿淋淋的纱丽，戴着面纱，左胳肢窝下夹着水罐，晃动着右手往家走去。男孩子浑身是泥，欢叫着互相泼水。一个男孩没腔没调地瞎唱："宝贝呀，叫我一声爷爷！"

目光越过高高的河岸，看得见不远处村里的茅草屋顶和竹篁的枝梢。浓云消散，太阳露面了，蜷缩在天边的残云，像一团棉絮。吹来的风已有一丝暖意。

小河上没有太多的船只。只有几只尖头小船满载着干树枝和劈好的柴，在木桨"豁哧豁哧"疲惫的划水声中慢吞吞地行进着。岸上，渔夫把网挂在竹竿上晾晒。上午农村的活计仿佛停顿了片刻。

篷帆高挂，船儿在朱木那河上行驶。左侧的河岸上，黄牛在吃草。右侧的河岸看不真切。湍急的河水冲击着河岸，泥块啪嗵啪嗵落进水里。奇怪，这么大的河上，除了我这艘船，竟看不见第二只船。周围的河水哗哗地流淌，清风呼呼地吹拂。

昨天傍晚，船泊在一片沙洲旁边。这是朱木那河的一条小支流，一边是大片的白沙，杳无人影。另一边是翠绿的农田，远处有一座村庄。

这河流、田野、村庄上的夜晚是多么幽美，多么阔大，多么安宁，多么深邃，然而只有默不作声时才能深切地体验，如果讲述，必然异常激奋。

当夜色中一切景物渐渐变得模糊不清，只

能隐约地看见河水和堤岸的界线，树木和农舍融为一体，眼前是一个混沌的宏阔世界时，恍惚中我觉得，这是童年时代我读过的童话中的神奇世界。那时，科学的世界尚未形成，创造刚开始几天，整个世界笼罩着苍茫暮色和令人毛骨悚然的死寂。那时七大海洋十三条大河边，迷宫中倾国倾城的公主沉入千年酣睡。英俊的王子和大臣的儿子——他的随从，策马奔驶在德邦达尔平原上，排除千难万险，去寻找公主。

这儿仿佛就是那遥远的广阔世界的清寂河畔，弥漫着憧憬、幻想和迷茫。你也可以认为，我就是那个多情的王子，胸怀实现不了的愿望，在夜色中徘徊。这条小河是那十三条河中的一条，我尚未到达那七大海洋。在许多鲜为人知的河畔，在许多陌生的海滩，未来的月光融融的静夜，在等待我。

死里逃生

不管他在河里掀起巨浪，还是在空中吹来狂风，我不会对他表示丝毫的敬意我从潘梯返回希拉伊达哈。高挂的新帆鼓满呼呼的劲风，船行似箭。雨季的河道里水快要溢出来了，波浪喧哗着翻涌。我时而举目四望，时而埋头看书。

　　上午十点半光景，戈鲁伊河的大桥遥遥在望。桅杆会不会碰撞大桥，在水手们中间发生争论。木船继续向大桥驶去。水手们很有信心地说，不必担心，我们的木船正驶入逆流。到了桥前面，如果看到桅杆会碰到桥身，马上落下篷帆，木船就会自行后退。

　　但是，到了桥跟前发现，桅杆肯定将与桥相碰，而且桥前有个急速旋转的大漩涡，使河水完全改变了流向。显然，前面等待我们的是船翻人亡的危险。然而没有时间作周全的考虑了，转眼间木船朝大桥冲了过去。桅杆咯吱咯吱倾倒下来，我惊慌失措地对船工们说："你们快闪开，桅杆砸了脑袋，你们就完了！"

　　在这紧急关头，另一只船迅速划了过来，把我接了上去，并用缆绳拽拉我乘的木船。达波希和另一个水手嘴里咬着绳索，游到岸上，拼命拉船；许多围拢过来的人也热情相助。大家上了岸，穆斯林水手说："是真主救了我们，要不就没命了。"

这是固体、液体们偶然的相聚。我们失声惊叫，胆战心惊，木桅杆还是碰了大铁桥，下面的河水乘机兴风作浪，把船儿往上推。该发生的躲不过去！河水不曾停留片刻，桅杆不曾降低一毫米，铁桥原封不动地矗立在那儿。

铁桥前发生的事，确实惊心动魄！可以说是与阎王玩了一次捉迷藏。没有这次历险，不容易深刻体会到，死亡近在咫尺。即使有认识，印象也不深刻。昨天像胆小鬼一样看见了他的影子，今天他的相貌一点儿也记不起来了。他像一个不知趣的多余的朋友，不邀自来，若不趴在我们的肩上，我们是不会多想他的，尽管他躲在暗处，时刻监视着我们的一举一动。

无论如何，我要对他躬身施礼，告诉他，不管他在河里掀起巨浪，还是在空中吹来狂风，我不会对他表示丝毫的敬意。我又升帆航行了。他有多大的能耐，世人皆知，他还能有多大作为！总而言之，我在他面前不会号啕大哭。

别再划了
把木船系在树干上吧
因为我爱这田野的景色

大地的乐园里

他不再与这个冷酷无情的世界保持任何联系，一生不同任何人游玩，独自仰面静卧，数夜空的星星，看云彩的游戏，聊度余生下午，船儿泊在当地一座村庄的码头上。我坐在船上，看一群孩子快活地玩耍。但这几天日夜跟着我的几个士兵，惹得我很不愉快。他们认为，孩子们的游戏太粗野了。船夫们坐在一起聊天，开怀大笑，他们也觉得那是对国王①的不尊敬。农民把黄牛牵到码头上，让牛饮水，他们立刻上前挥舞棍子驱赶，以维护帝国的尊严。换句话说，国王的周围成了没有笑声，没有游戏，没有声响，没有人烟的荒漠，在他们的眼里，帝国的尊严才得到有效的维护。

昨天，他们也凶神恶煞似的跑过去驱赶游玩的乡村孩子，我把上层人物的尊严抛到九霄云外，严厉地制止了他们。事情是这样的：

河岸上放着一根很粗的桅杆，几个光屁股小男孩蹲在地上商量了一会儿，觉得他们齐声喊着号子，推动桅杆，那是一种极有趣的新游戏。怎么想就怎么干！

他们一面推桅杆一面高喊："小伙伴们干哪，嗨哟！用力推哪，嗨哟！"桅杆转一圈，他们中间就爆发出一阵大笑。

---

① 指殖民当局。

男孩子中间有一两个女孩，她们的脾性、举止与男孩截然不同。她们是因为缺少女伴，不得已加入了男孩的行列。她们的性情无法赞同这种乱哄哄的费力的游戏。一个女孩一声不吭，走上前去，严肃而平静地坐在桅杆上。

　　男孩们愣住了，饶有兴味的玩耍戛然而止。其中两个男孩歪着头寻思了一会儿，他们似乎觉得解决眼下这个难题的最好办法，是向她屈服。他们悻悻然走出一丈来远，懊丧地望着神色庄重凝然坐在桅杆上的女孩。他们中一个顽皮的小家伙，走过去，试探着轻轻推一下女孩。她不搭理他，照样悠然自得地坐着休息。年龄最大的男孩，指了指旁边可供她休息的地方，可她使劲儿摇摇头，双臂交抱在怀里，扭一下身子，挺直腰杆稳坐不动。那个男孩于是以膂力与她讲理，并立即赢得了胜利。

　　欢呼声再次响彻天空，桅杆又开始滚动了。过了片时，那个女孩摈弃女性的清高孤傲和高洁个性，摆出随遇而安的样子，参与了男孩们这种颇具刺激性但并无什么意义的游戏。但从她的表情可以看出，她好像在心里说："男孩子根本不懂什么叫游戏，他们只会凑在一起瞎闹。"如果她手边有一个盘着发髻的黄泥娃娃，她难道还会同傻头傻脑的男孩一起玩推桅杆这种无聊的游戏吗？

不久，男孩们又想到另一种玩法，那也是很有趣的。两个男孩抓住一个同伴的手和脚，一左一右地甩了起来。其他男孩见了全都欢呼雀跃。但女孩见了觉得无法忍受，一脸厌恶，离开现场，回家去了。

接着发生了意料中的意外，两个男孩一松手，被晃悠的男孩咚地落在地上。他爬起来，气呼呼地撇下游伴们，走到远处的草地上躺下，头枕着交握的双手。他愤怒的表情在无言地宣告：他不再与这个冷酷无情的世界保持任何联系，一生不同任何人游玩，独自仰面静卧，数夜空的星星，看云彩的游戏，聊度余生。

年龄最大的男孩见他一副愤世嫉俗、过早地断绝尘缘的果决神态，急忙跑过去，把他的头搂在怀里，后悔地请他原谅，关切地问："身上哪儿碰疼了吗？小兄弟，别生气，快起来吧！"

不一会儿，我看见两个男孩像两只小狗，手拉着手又亲热地玩开了。不到两分钟，屁股摔疼的男孩又被同伴们抓住手脚甩悠起来了。

哦，孩子们有着多么奇妙的兴致，多么坚强的意志，多么稳固的理性！那个男孩一怒之下停止游玩，走到远处仰面躺在地上，一会儿又笑嘻嘻地站起，主动让同伴们当玩具晃悠。这些孩子多么自由！世界上有多少孩子能像他们这样头枕着手躺在草地上？大地的乐园里，为这些好孩子专门建造了居室。

我不能回答你我为何泪水涟涟

因为对我来说这也是未破解的秘密

———

只有在幻觉中才能无忧无虑

　　上午阳光照耀的河岸，充溢深沉的悲愁。整
个上午好像回荡着一支忧伤的乐曲

我们的码头上系着一条船，码头前站着一群当地的村妇。好像有一个人即将踏上旅途，其他人是来送行的。许多幼小的孩子，许多面纱，许多银发皓首，混杂在一起。他们中间的一个女孩，最为引人注目。她十二三岁，由于长得比较丰满，看上去有十四五岁了。她脸色黝黑，但很俊俏，假小子似的剪了短发，把她的脸衬托得更加俏丽，表情里透出聪慧、机智和淳朴。她怀里抱着婴儿，毫不羞赧地好奇地注视着我。在她脸上看不到一丝木讷、狡黠和不完美。她那羼杂少年气质的少女神态，吸引住了我的目光。男性的那种对自身的冷漠和女性的柔媚相交融，塑造了这位新型女子。我以前从不企望在孟加拉能见到她这样身材娉秀的村妇。

我发现，她一家人谁也不羞羞答答。一个女人站在阳光下解开发髻，梳理着乌发，大声地和船上另一位相貌端庄的女人唠家常。从她们的交谈中得知，她有一个"闺女"，没有"小子"。但她女儿不善于待人接物，不懂得在什么场合该说什么不该说什么，亲疏不分。她还透露，她女婿戈拉卜人品欠佳，女儿赌气回了娘家，不肯回婆家和他过日子。

最后，启程的吉时到了。我看见岸上的人依依不舍地把那脸蛋圆润、戴着手镯、容光焕发的朴实姑娘送上了船，我猜想她大概是看望了娘家的亲人，要回她的婆家去。

帆船徐徐离开码头。送行的女人们站在岸上，目送帆船远去。一两个女子撩起纱丽下摆，慢慢地擦着眼睛、鼻子。梳着马尾辫的一个小女孩，扑到一个老太婆怀里，搂着她的脖子，头靠着她的肩膀无声地啜泣。乘船离去的姑娘，也许是她亲爱的姐姐，过去和她一起玩过泥娃娃，也许她淘气时给过她一个耳刮子。

上午阳光照耀的河岸，充溢深沉的悲愁。整个上午好像回荡着一支忧伤的乐曲。然而，我似乎大致熟悉了那个不知名的姑娘的身世。

辞别亲人，姑娘登船远航，四周的气氛悲凉，甚至有一种生离死别的感觉。帆船漂浮着远去，伫立送别的人，擦着泪眼，转身回家。乘船远去的姑娘消失了。我知道，这深沉的悲伤，离去的和留下的人，都将忘却。也许，这会儿已忘了不少。痛苦是暂时的，可忘却是永恒的。不过，仔细想想，痛苦是真实的，而忘却是不真实的。在一次次离别和诀别之际，人蓦然醒悟，这痛苦是刻骨铭心的真实，并认识到，只有在幻觉中才能无忧无虑。世界上没有一个人能永生——想到这一点，人愈发焦躁不宁。我们不仅不可能长生不老，而且不会留在任何人的记忆之中！说真的，除了孟加拉流行的悲凉乐调，没有一首歌会伴随所有的人，伴随世世代代的人。

这顶小轿硬把我塞了进去

　　林木稀疏之处，透过树木的空隙，可以看见高堤下一望无际的原野。眼下正值雨季，农田呈现迷人的深绿色，攫住我投去的目光帕里亚码头小巧玲珑，两岸矗立着一行行大树，以这条运河为中心，构成一幅美丽画面。

我在心里断言，这条运河假如是一条天然大河，我一定更加喜欢它。运河两岸有挺拔的椰子树、芒果树和其他各种绿荫凉爽的树木，洁净倾斜的河堤覆盖着清丽的碧草和开了小花的无数含羞的藤蔓，点缀着露兜花树。林木稀疏之处，透过树木的空隙，可以看见高堤下一望无际的原野。眼下正值雨季，农田呈现迷人的深绿色，攫住我投去的目光。酸枣树和椰子树掩映着一座座村庄，在湿润的柔云飘移的低垂的天空下面，农村处处是流青溢翠的秀丽景象。

芳草萋萋的堤岸之间，运河姿态优美地逶迤远去。水流徐缓，河道狭窄之处，水边可见优雅的睡莲和一丛丛芦苇。然而，我心里还是感到有些遗憾。这毕竟是一条人工挖掘的运河，它的流水声中没有原始的古朴，它不知道杳无人迹、遥远幽深的山洞里的奥秘，它未起过古老的芳名，未从无从知晓的时代流来，未为河畔两岸的村落奉献乳汁。它不曾淙淙地吟唱：

人来人往，
我世代流淌。

甚至古老的湖泊赢得的荣誉也比它多。由此可见，任何古老的庞大家族，即使在很多方面地位低下，也会受人宠爱。他们身上闪耀着悠久的财富的光彩。一个做黄金生意的商人，成为富翁，拥有许多金子，但不会很快拥有金子般的荣耀。

下午四点到了达尔普尔，我换乘轿子，以为只有十二英里的路程，晚上八点钟光景可以到达庄园。越过一片片农田，穿过一座座村庄，走了一英里又一英里，十二英里好像永远走不完似的。七点钟，我问轿夫，还有多远，他们回答说，不远了，大概还有六英里多一点儿。

我听了在轿子里挪动一下身子。这顶小轿，容纳不下我半个身躯，却硬把我塞了进去，时间一长，腰酸脚麻，脑袋发胀。假如有什么法子把我折叠起来，缩小成四分之一，坐在轿子里可能舒服一点。

农村的土路糟糕透了，到处是一尺来深的泥浆。轿夫害怕摔跤，小心翼翼地慢慢地挪步，有三四次脚一滑，差点儿摔倒。有的地方根本没有路，只好在积了许多水的稻田里哗啦哗啦涉水而过。天上布满阴云，晚上四下里黑乎乎的，淅淅沥沥地下着雨。由于油没浸透，火把时常熄灭，不得不鼓起腮帮子重新把它吹出火来。火把时灭时着，轿夫怨声不断。

　　艰难地走了一段路，家丁双手合十向我禀报，前面是一条河，轿子要用船运过去，但船还没有撑来，估计马上就到，所以轿子得撂下一会儿。

　　轿夫们从肩上放下轿子，但船迟迟不来。火把慢慢地熄灭了。在漆黑的河边，家丁们用嘶哑的嗓子大声呼叫艄公，从对岸传来回声，可听不到艄公的应答声。

　　如果声音凄厉地喊叫："喂，毗湿奴①！喂，黑天②！喂，湿婆③！"毗湿奴就会走下波伊昆特仙山，湿婆也会走下盖拉莎仙山。可那位艄公却捂着耳朵，无动于衷地在他的"乐园"里休息。

　　冷清的河边连一间茅屋也没有，路边只有一辆不知属于哪位车夫的不载货的空牛车，轿夫坐在牛车上，用当地的方言发着牢骚。青蛙呱呱的聒噪，蟋蟀的鸣叫，在夜空回响。我暗自担心，今天恐怕要蜷缩在轿子里过夜了，毗湿奴和湿婆也许明天才能光临。我情不自禁地唱了起来：

---

　　①　印度神话中的保护大神。
　　②　印度民间故事中与美女罗陀相恋的一个多情少年。
　　③　印度神话中的毁灭大神。

哦，夜尽天明，他若含笑光临，

我也会露出笑意？

哪一天他曾看见我，

熬夜熬得脸色憔悴？

　　不管情况如何，他们只管用奥利萨邦的语言说话好了，反正我听不懂。但是，毫无疑问，我脸上不会有一丝笑容。我这样胡思乱想了一会儿，就听见传来嘿咻嘿咻的声音，波罗达坐的轿子也到了河边。波罗达一看船没有希望来了，立刻吩咐轿夫头顶着轿子过河。轿夫听了面面相觑，犹豫不决。我也动了恻隐之心，感到左右为难。

　　争论了半天，轿夫们口中念诵着保护神毗湿奴，头顶着轿子下河了。费了九牛二虎之力，他们终于到了对岸。那时已是夜里十点半钟。我茧蛹似的蜷曲着身子斜躺着，刚有一星睡意，一位轿夫脚一滑，轿子晃动起来，我顿时苏醒，胸口突突地狂跳。之后，我一直处于半睡半醒的状态，半夜时分，才进入邦都亚的庄园。

哦
我想要保存的一个秘密
像夏云里未落下的雨滴
包在幽静之中
带在身边四处游逛

不会做这种虚假的描写

我赞美自然美女黛青的眼睑时，未曾担心她
会变成泼妇，追上来抽我们的耳光

昨天傍晚，我觉得叫阿古尔做向导，带两位朋友去欣赏当地的自然景色是我不容推卸的义务。出门的时候，太阳已经下山，但天还没有黑。天尽头蓊郁的丛林上面，升起一簇迷人的紫云，我情不自禁地吟咏道："那是妩媚的眼睑上抹的眼膏。"同行的一位没有听见，一位没有听明白，另一位应酬一句："是啊，看上去不错。"见此情形，我再没有吟诗的兴致了。

　　大约走了一英里，到了河畔一排棕榈树下，驻足远望。棕榈树旁有一泓泉水。少顷，我发现北边那簇紫云颜色变浓，急剧膨胀，从中蹿出一道道刺目的闪电。我们不约而同地说，此时坐在屋里观景最为安全，于是转身往家走去。风暴在空旷的原野上飞奔着，怒吼着，向我们扑来。我赞美自然美女黛青的眼睑时，未曾担心她会变成泼妇，追上来抽我们的耳光。

　　尘土飞扬，天昏地暗，看不清五尺开外的东西。风越刮越大，砾石像风射的子弹，击中我们的身体。狂风仿佛从后面掐着我们的脖子，朝前猛推。铜钱大的雨滴鞭子般地抽打我们的面庞。

　　我们拼命奔跑，地面不平，不时要穿过沙丘，平常那儿走路就费劲儿，风暴中更加吃力。途中，一根带刺的树枝缠住我的脚踝，在我挣脱树枝的当儿，狂风企图推倒我，把我摁在地面上。

快到家了，我看见三四个仆人大呼小叫，像第二次风暴迎面扑来。有的抓住我的手，有的大声喊叫，有的在前头引路，有的从后面紧紧搂住我的腰，怕主人被风卷走。我竭力摆脱他们的殷勤，头发蓬乱，衣服湿透，全身沾满灰土，气喘吁吁地回到家里。

不管怎么说，我有了深刻的体验。若无这次遭遇，创作诗歌、长篇小说，我可能描写一位男主人公顶风冒雨，心里想着美丽的女主人公，无所畏惧地在荒野上前行。如今我是不会做这种虚假的描写的了。遇到暴风雨，根本不会想什么花容月貌，只会想方设法不让沙子钻进眼皮！

我戴的眼镜若被风刮走是寻不回来的，所以一只手扶着镜框，一只手撩起围裤下摆，绕过灌木丛、土坑，跌跌撞撞地跑着。库帕伊河畔若有恋人的茅屋，我或许不管眼镜、围裤，一心一意只想她了。

回到家里，坐下沉思良久：毗湿奴派诗人就罗陀在漆黑的暴风雨之夜前去与黑天幽会，写了大量脍炙人口的诗篇。但他们不曾细想，风狂雨骤，她出现在黑天面前是一副什么尊容！可以想见，她的乌发湿淋淋的。衣服呢？尽是泥浆！艰难地赶到清寂的草堂，她是多么狼狈啊！

以前阅读毗湿奴派诗人的作品，我不曾仔细琢磨。心灵的眼睛看到这样的画面：一位绝色佳人为爱情所驱使，由迦昙波花盛开的树林的阴影掩护，暴风雨中不顾安危，在朱木那河边的土路上踽踽行走。她系紧足铃，不让人听见铃声；戴着蓝色面纱，怕人看见她的面孔。但不感到有必要带把雨伞，不怕淋湿，不提灯笼，不怕摔跤。唉，日用品在需要的时候很有用处，在诗人笔下却受够了冷遇！诗歌试图把我们从日用品的桎梏下解放出来，是太不切实际了。雨伞、鞋子、衣服，万古长存。听说随着文明的发展，诗歌有可能最终绝迹，但雨伞的专利权将不断地申报。

见到贫苦的农民和雇农
总心生恻恻

　　我看见远方地极上堆积起急剧膨胀的云团，像厚厚的一叠吸墨纸，吸干了我视野里纤弱的金色阳光

我看见远方地极上堆积起急剧膨胀的云团，像厚厚的一叠吸墨纸，吸干了我视野里纤弱的金色阳光。如果又下大雨，我必定斥骂雷神因陀罗。我已看不见流云的落拓的穷相，它们变得像养尊处优的老爷似的，肥头大耳，穿着肥大的潮湿的绿袍。大概是快要下雨了，吹来的湿风呜咽似的啸叫。

坐在西部地区西姆拉①摩天的山顶上，难以想象，这儿云彩和阳光来来往往，对于凡世是何等重要，也难以想象多少人愣怔地仰望云天。

每每见到那些贫苦的农民和雇农，总心生悱恻，他们像造物主创造的幼儿，柔弱无助。他不亲手喂他们食物，他们就活不下去。大地的乳汁一旦枯竭，他们只会哭泣；略微消释饥饿，他们立刻忘记一切。我不知道社会主义者能否平均分配遍布世界的财富，如果绝不可能，那天帝的法则实在是太残酷了，人类实在太不幸了。因为，世界上确有苦难，那只能暂时让它存在，但苦难中应该给人一条狭小的出路，给人一丝光明，这样，人类中那些高尚的人，方能满怀信心，艰苦奋斗，去消除苦难。

---

① 印度旅游胜地。

有些人宣称，任何时代，给世界上所有的人以维持生计的最基本的日用品，是不切实际、永远实现不了的幻想，不可能人人吃得饱、穿得暖，大部分人只能半饥半饱，永远找不到改变这种状态的道路。他们说的话是何等残酷啊。

所有的社会问题的确很难解决。天帝给了我们一块很小的薄旧布，用它盖住世界的这一部分，那一部分就裸露出来。克服贫困，要耗费大量财富，财富耗尽，社会中多少美和发展的基石就遭到破坏，这样的例子不胜枚举。

清晨你睁开眼睛时
我留给你一个蜜蜂嗡营、百鸟歌鸣的世界

——

在乡村我享有另一种愉快

　　碧空和阳光仿佛渗入脑壳，占据了里面的地盘，用蔚蓝和金黄染透思绪和情感。船上有我弄来的一张躺椅，这样的时光，我喜欢抛却一切琐事，静静地躺下小憩昨天下午，突然乌云滚滚，大雨倾盆，不久天又放晴了。今天，几片失散的薄云在艳阳下显得分外洁白，逍遥自在地在天边漫步，看上去没有化为甘霖的意思。印度古代的文豪贾纳格在其著名诗篇中加以痛斥的不可信任者的名单上，似乎应加上司掌节气的神灵。

上午的水乡分外秀美，蓝天纯净，河水不泛涟漪，倾斜的河滩上芳草缀着昨天的水珠，熠熠闪亮。阳光普照的原野，犹如身着素雅长裙的庄严女神。

上午太寂静了，不知为何不见河里有船行驶。离我的船不远的码头上，也没有人来汲水、洗澡。事情料理停当，管家径自去了。我默坐了一会儿，仿佛听见"幽寂"在低语。碧空和阳光仿佛渗入脑壳，占据了里面的地盘，用蔚蓝和金黄染透思绪和情感。船上有我弄来的一张躺椅，这样的时光，我喜欢抛却一切琐事，静静地躺下小憩，我觉得：

我像一朵野花，
自生自灭，无始无终，
年年岁岁，
开放在青林。

我仿佛在天宇、河流、古老苍翠的大地的轻舟上消度年华，看不尽熟稔、真挚、丰富的情感的变幻。

　　在乡村我还享有另一种愉快。那些质朴谦恭的老佃农三天两头来看望我。他们对我的尊敬纯正之极！单就美好的淳朴和真诚的尊敬而言，他们比我高尚。我不配领受他们的尊敬，尽管这种尊敬并不低下。对这些"老孩子"的爱，类似与儿童的爱。当然两者是有区别的，从某种意义上说，他们比儿童更值得爱怜，因为孩子在一天天长大，而他们不会再长了。

　　他们的消瘦、佝偻、皮肤松弛多皱的躯体包裹着一颗纯洁、单纯、善良的心，而孩子的心里只有单纯，没有他们那种充满依赖的忠诚。人与人之间假若真有什么精神纽带，但愿我心里对他们的祝福能够实现。诚然，不是个个佃农都这样淳厚，不应该抱那种奢望。最珍贵的往往也是最少见的。

黄昏在向我招手
退潮时旅客在最后的渡口上船远航
穿越暮色
我愿意跟随他们

我和他操同样的行当

残阳衔地，黄昏来临，鸟儿归巢，牛羊进厩，
佃农荷锄回家

昨天中午我诗兴大发，坐下刚写了五六行，一位毛拉①找上门来，见我伏案写作，下保证似的说："鄙人只说两句话。"他"两小时"说完这"两句话"起身离去时，只听岸边有人高声叫道："大王，小民求见已七天了，您的侍从一直从中阻拦。"听话音此人绝非等闲之辈，我立刻告诫"侍从"不得再次阻拦。来者是一位身着赭色道袍的婆罗门，长须疏发，天庭饱满，眉间是一颗檀香痣，神色庄重地走到我面前，展开一张很大的纸。我揣摩是一份申请。谁料他亮开嗓门，抑扬顿挫地朗读起来。原来是一首诗。婆罗门大声颂赞居住在婆伊贡塔仙境的保护大神毗湿奴，我肃穆地聆听着。

长诗描写毗湿奴的仙境生活，采用隔行押韵的"特里波迪"诗体。少顷，我发现，为维护举世闻名的都市加尔各答的泰戈尔称号，毗湿奴突然变为黑天②，转世下凡，颂诗从"特里波迪"体转为每两行押韵的"波雅尔"体。完成了对德本德拉纳特③的盛赞，颂诗转向吹捧罗宾德拉纳特·泰戈尔时，我心里忐忑不安起来。我的诗才

---

① 伊斯兰教宗教职业者。
② 印度神话：毗湿奴十次下凡救世，黑天是他的凡身之一。
③ 泰戈尔的父亲。

和乐善好施"像阳光普照大地，驱散了愚昧和贫穷的黑暗"，这种比喻不管多么优美，可对我来说，委实是一则奇闻。诚然，为仁慈扬名并非坏事。

我耐着性子听完颂诗，说："请去田庄公事房吧，我还有其他事情。"

"您忙您的。"婆罗门一动不动，"您明月般的容颜，容小民瞻仰片刻。"他站在我跟前，显出惊奇的神色，像傻子呆呆地望着我的面孔，我体内窘迫的灵魂被他盯得战战兢兢。

我连声催他下船。他说："布施的物品，请写在这张纸上，我马上到管家那儿去取，颂诗也会念给他听的。"

我不由得感慨万分，我和他操同样的行当啊。我朗诵诗歌，获得报酬。当然，有几回从人家门口空手而归，跟这位婆罗门一样。

保护大神毗湿奴有四只手，分别擎着法螺、轮座、仙杖和莲花。我——现世毗湿奴的凡身，挥了挥擎着仙杖的手，打发他走了。

他刚下船，比罗希姆普尔地区赫赫有名的演说家达里·马宗达占据了他的位置。

我胸前交抱双手，靠着躺椅，默不作声，像一尊冷峻的雕像。

达里·马宗达朗声说道："大王，许多人读了古代英勇善战的将师的故事，都不相信，以为几千年前那种事是虚构的。可是几千年后，目睹您的威武英姿，他们的怀疑立即烟消云散了！"

滔滔不绝的吹捧从他的口腔奔涌而出。我忍不住打断他："你去公事房歇会儿吧。"

"不，不，不用休息。"他急忙回绝，"好不容易见到老爷，我等了七八个月，做梦也不曾想到，瞻仰您妙足的凤愿今日得以实现。"说着，说着，他发颤的声音哽住了，撩起衣襟抹了抹干涩的眼窝。渐渐地，他似乎记起了先前的庄园主——我的哥哥乔迪宾德拉纳特对他的无限关怀和信任，心海里腾起激动的狂澜。于是他原原本本细枝末叶地讲述他当年做了哪些事，发生了哪些事，主人问了哪些问题，他回了哪些话。

残阳衔地，黄昏来临，鸟儿归巢，牛羊进厩，佃农荷锄回家，达里·马宗达仍无弃舟登岸的意思。直至从库希蒂亚又来了一位求见者，他才宽慰我似的说了句"明天来说其余的事"，恋恋不舍地走了。今天，他还没有来。但口才堪与之媲美的另一位演说家坐在我旁边的凳子上，等我一发话，也将口若悬河地发表演说了。

历历在目的
只有这段时光
只有这交织着树影、乐音和沉默的雨水淋湿的中午

目前没有办法救助他们

　　我记不清楚乘船经过了多少河流、沼泽。有时沙沙沙穿越稻田，一转眼滑入了池塘。池塘里白莲亭亭玉立，鱼鹰在潜水逮鱼。有时驶进河滨，一边是稻田，另一边是浓密树林掩映的村庄，丰盈的河水迂回地从中间流去帕德玛河水已开始退落，但这儿河水还在一个劲儿地上涨，环顾一下四周就明白了。粗壮的树干浸泡在水中，枝条无力地坠向水面。榕树、芒果树林的幽暗深处几条船之间，村民在洗澡。一间间落寞的农舍兀立在水上，前后院落被淹没了。农田杳无形迹，依稀可见水稻叶尖在水下晃动。

我记不清楚乘船经过了多少河流、沼泽。有时沙沙沙穿越稻田，一转眼滑入了池塘。池塘里白莲亭亭玉立，鱼鹰在潜水逮鱼。有时驶进河滨，一边是稻田，另一边是浓密树林掩映的村庄，丰盈的河水迂回地从中间流去。

洪水无孔不入，填满了一切空隙。当地人坐在大缸里，竹片当桨使用，往返于农舍之间。看不见一条旱路，洪水如果继续上涨，涌入住房，他们将不得不蹲在高高搭起的竹架上。黄牛日夜立在齐膝深的水里，可吃的青草日益减少，等待它们的是死亡。一条条蛇离弃灌满水的洞穴，盘踞在茅屋顶上。无家可归的爬行动物、蚊蠓与村民同居。

村外黑乎乎的树林里，树叶、葛藤、蔓草泡在水里腐烂，到处漂浮着人畜的粪便和垃圾。沤泡黄麻的臭水绿幽幽的。大肚子细腿赤裸的小孩在泥水里玩耍，全身脏极了。散发臭气的死水上面雾团似的蚊群嗡嗡旋舞。

雨季经过这些卫生条件如此差的村落，我浑身汗毛凛凛的。每回看见身裹潮湿纱丽的家庭妇女把下摆挽在膝盖上，像受折磨的牲畜似的在风雨中拨开水上的污物，洗锅洗碗，心里非常难受。我难以想象乡村的人忍受着这样的苦难。他们家里有的患风湿病，有的两腿浮肿，有的感冒、发烧，婴儿不住地啼哭。但目前没有办法救助他们，只能看着他们一个个死去。乡村这种愚昧、落后、贫困、肮脏、无人关注的困境，太触目惊心了。

我们是各种恶势力的手下败将——自然的灾害，我们忍受；帝王的残暴，我们忍受；对世代造成无数悲剧的礼教，我们没有勇气发出反抗的呐喊。我们应该遁离这样的世界，这儿的恶势力不会带来和谐、幸福，不会带来真善美。

第二章

踩着一个个瞬息走完人生旅程

人生之旅

　　树荫遮盖着路。路畔是我的小屋，窗户敞开
着，第一束阳光跟随无忧树摇颤的绿影，走进来
立在我面前，端详我片刻，扑进我怀里撒娇。随
后溜到我的文稿上面，临别的时候，隐隐留下金
色的吻痕

我在路边坐下来写作，一时想不起该写些什么。

树荫遮盖着路。路畔是我的小屋，窗户敞开着，第一束阳光跟随无忧树摇颤的绿影，走进来立在我面前，端详我片刻，扑进我怀里撒娇。随后溜到我的文稿上面，临别的时候，隐隐留下金色的吻痕。

黎明在我作品四周崭露。原野的鲜花，云霓的色彩，凉爽的晨风，残存的睡意，在我的书页里浑然交融。朝阳的爱抚在我手迹周遭青藤般地伸延。

我前面的行人川流不息。晨光为他们祝福，真诚地说：祝你们一路顺风。鸟儿在唱吉利的歌曲。道路两旁，希望似的花朵竞相怒放。启程时人人都说："请放心，没有什么可怕的。"

浩渺的宇宙为旅行顺利而高歌。光芒四射的太阳乘车驶过无垠的晴空。黎明笑吟吟的，臂膀伸向苍穹，指着无穷的未来，为世界指路。黎明是世界的希冀、慰藉、白昼的礼赞，每日开启东方金碧的门户，为人间携来天国的福音，送来汲取的甘露。与此同时，仙境奇葩的芳菲唤醒凡世的花香。黎明是人世旅程的祝福，真心诚意的祝福。

人世行客的身影落在我的作品里。他们不带走什么。他们忘却苦乐，抛下每一瞬间的生活的负荷。他们的欢笑悲啼在我的文稿里萌发幼芽。他们忘记他们唱的歌谣，留下他们的爱情。

是的，他们别无所有，只有爱。他们爱脚下的路，爱脚踩过的地面，企望留下足印。他们离别洒下的泪水沃泽了立足之处。他们走过的路的两旁，盛开了新奇的鲜花。他们热爱同路的陌生人。爱是他们前进的动力，消除他们跋涉的疲累。人间美景和母亲的慈爱一样，伴随着他们，召唤他们走出心境的黯淡，从后面簇拥着他们前行。

爱情若被锁缚，世人的旅程即刻中止。爱情若葬入坟墓，旅人就是倒在坟上的墓碑。就像船的特点是被驾驭着航行，爱情不允许被幽禁，只允许被推着向前。爱情的纽带的力量，足以粉碎一切羁绊。崇高爱情的影响下，渺小爱情的绳索断裂；世界得以运动，否则会被本身的重量压瘫。

当旅人行进时，我倚窗望见他们开怀大笑，听见他们伤心哭泣。让人落泪的爱情，也能抹去人眼里的泪水，催发笑颜的光华。欢笑，泪水，阳光，雨露，使我四周"美"的茂林百花吐艳。

爱情不让人常年垂泪。因一个人的离别而使你潸然泪下的爱情，把五个人引到你身边。爱情说：细心察看吧，他们绝不比那离去的人逊色。可是你泪眼蒙蒙看不见谁，因而也不能爱。你甚至万念俱灰，无心做事。你向后转身木然地坐着，无意继续人生的旅程。然而爱情最终获胜，牵引你上路，你不可能永远把脸俯贴在死亡上面。

拂晓，满心喜悦的旅人，前往远方，要走很长很长的路。沿途没有他们的爱，他们走不完漫长的路。因为他们爱路，迈出的每一步都感到快慰，不停地向前；也因为他们爱路，他们舍不得走，脚抬不起来，走一步便产生错觉：已经获得的大概今后再也得不到了。然而朝前走又忘掉这些，走一步消除一分忧愁。开初他们啜泣是由于惶恐，除此另无缘由。

你看，母亲怀里抱着婴儿走在人世的路上。是谁把母子联结在一起？是谁通过孩子引导着母亲？是谁把婴儿放在母亲怀里，道路便像卧房一样温馨？是爱变母亲脚下的蒺藜为花朵！可是母亲为什么误解？为什么觉得孩子意味着她"无限"的终结呢？

漫长的路上，凡世的孩子们聚在一起娱乐。一个孩子拉着母亲的手，进入孩子的王国——那里储藏着取之不竭的安慰。因着一张张细嫩的脸蛋，那里像天国乐园一般。他们快活地争抢天上的月亮，处处荡漾着欢声笑语的波澜。但是，你听，路的另一侧，可爱无助的孩子在啼哭！疾病侵入他们的皮肤，损坏花瓣似的柔软肢体。他们纤嫩的喉咙发不出声音；他们想哭，哭声消逝在喉咙里。野蛮的成年人用各种办法虐待他们。

我们生来都是旅人。假如万能的天帝强迫我们在无尽头的路上跋涉，假如严酷的厄运攥着我们的头发向前拖，作为弱者，我们有什么法子？启程的时刻，我们听不到威胁的雷鸣，只听见黎明的诺言。不顾途中的危险、艰苦，我们怀着爱心前进。虽然有时忍受不了，但有爱从四面八方伸过手来。让我们学会响应不倦的爱情的召唤，不陷入迷惘，不让惨烈的压迫用锁链将我们束缚！

我坐在络绎不绝的旅人的哀泣和欢声的旁边，注望着，深思着。我对他们说："祝你们一路平安，我把我的爱作为物资赠给你们。因为行路不为别的，是出于爱的需要。愿旅人们在旅途互相帮助，彼此奉献真爱。"

当黎明的清新融进红日
当中午天空凝重地低垂
森林一片寂静时
我的歌儿回到家里
倦乏的纤翼沾满金晖

———————

古城加尔各答

工厂的黑烟没有熏黑蓝天的明净面孔，房屋之林的缝隙里，池塘水面上，阳光熠熠闪烁我家在古老的城市加尔各答。城市的大街小巷嘎哒嘎哒奔跑的出租马车，掀起滚滚尘烟，车夫的鞭子不停地抽打骨瘦如柴的马背。那时候没有电车、汽车、摩托车，工作也不像现在这样忙得让人透不过气，人们过着悠闲自在的生活。政府机关的职员出门之前，从容地吸上几口水烟，而后嚼着枸酱包去上班。他们有的坐轿子，也有三五个人合租一辆马车，均摊车费。有钱人的马车上印着本家族特有的姓氏图案，马车后部架着皮蓬，像半掩的面纱。车夫坐在前座上，包头布按当时流行的样子缠裹着，两个结着牦牛尾做的腰带的马夫，跟在马车后，吆喝着驱赶路上的行人。

　　女人出门必须坐在密不透风的轿子里，她们不敢奢望坐马车，甚至打伞遮阳避雨也被认为是不守妇道。胆敢穿紧身衣和鞋子的女人，都被嘲讽为模仿洋女人，是丢弃所有礼仪、不知廉耻的人。如果一个女人意外地遇到家庭成员以外的男人，必须立刻用面纱遮住面孔，同时转过身背对着陌生人。女人出门乘坐的轿子，就像她们的住所一样是封闭的。富家小姐和媳妇的轿子罩着厚厚的布盖，望去像一座活动的"坟墓"，手持铜棒的家丁走在"坟墓"旁边。他们的职责是看门护院、保护走亲戚的妇女、接送节日期间下恒河沐浴的女人，确保她们轿子的安全。

　　仆人的头领索沃罗摩是我们家的教头，他大部分时间练习拳术，挥舞棍棒。有时坐着碾磨烟叶，有时静静地吃生萝卜和嫩菜叶。我们这些男孩子便趁机爬上他肩头，在他耳边大喊"罗陀——黑天①——"，他越是奋力挥舞拳头反抗，我们就越开心。

　　那时城里没有煤气灯，也没有电灯。开始使用煤油灯时，它的灯光曾使我们惊叹不已。每当夜幕降临，仆人们在每个房间点燃蓖麻油灯，我们的书房里只有两根灯芯的油灯。伴着昏黄的灯光，老师开始教我们贝利塞尔卡尔编写的初级课本。慢慢地，我开始打哈欠，最后实在太困了，不得不使劲揉发沉的眼皮。

　　我家内宅、外宅之间是一条有百叶窗的狭窄走廊，廊顶上挂着一盏灯光昏暗的灯笼。我一走进这条走廊，就觉得好像有什么人跟在我身后，吓得直哆嗦。那个年代，到处流传鬼神的故事。据说，有个神秘的幽灵，一脚踩着树枝，一脚踩着我家三层的房檐。有人声称亲眼见过这个幽灵，于是，许多人都相信这个幽灵的存在。

_____

　　① 印度神话中的一对恋人。

当时，加尔各答胸脯上尚未铺满石头，保持着相当多的天然本色。工厂的黑烟没有熏黑蓝天的明净面孔，房屋之林的缝隙里，池塘水面上，阳光熠熠闪烁。下午，菩提树伸长身影，椰子树临风摇曳，恒河水通过石砌的沟渠，清泉般流入我家南花园的池塘。

我曾经倚着楼梯走廊栏杆，着迷地看着流动的恒河水。但我家水塘的寿命不长，终于有一天，一车车垃圾卸入水塘，直到水面不能再映出花园的倒影，最后一丝乡村生活的美好幻影，终于离它而去。虽然三层楼高的杏树仍然伫立在院西的楼边，虽然足印还在，但那个曾经站在上面的鬼影却永远消失了。

我不曾出生于
对荣华富贵的怀念中

　　我清静的家庭里自然而然形成的特点，宛如
望不见大陆的孤岛上树木和动物的特性

我首次睁开眼睛看到的祖宅非常安静，仿佛在远离市井的郊区，上面的天空没有被邻里的房屋和喧嚷紧紧地捆住。

　　在我出生之前，我的家庭之舟已经提起沉重的社会的铁锚，行驶到了传统的港湾外面。停泊的地方，礼仪、教规淡化到了不能再淡化的程度。

　　我家有一幢面积可观的旧式楼房，门口墙上挂着破旧的盾牌、长矛和锈迹斑斑的腰刀，楼内有祈祷室和三四个庭院，内宅连着一座花园。幽暗的水房里，几只大水缸盛满一家人饮用的恒河水。过去逢年过节，楼里张灯结彩，演奏音乐。我不曾获得追怀那种盛况的资格。我呱呱坠地之时，旧时代已向我家告别；新时代初来乍到，它的家具尚未运来。

　　如同本国社会生活之流退离了我的家庭，祖产的潮水也业已退落。祖父的财产的一盏华灯一度火焰明亮，在我降生之时，只剩下燃烧后的黑渍、烟灰和一缕摇颤不定的微弱火苗了。奢华的昔年用以娱乐享受的器具，只有几件丢在墙角，破烂不堪，蒙上厚尘，值不了几个钱。我不曾出生于荣华富贵中，也不曾出生于对荣华富贵的怀念中。

　　我清静的家庭里自然而然形成的特点，宛

如望不见大陆的孤岛上树木和动物的特性。我们一家人所操的语言别具一格，加尔各答人称之为泰戈尔家族语言。男男女女的服装、举止也与众不同。

当时，有教养的社会阶层把孟加拉语幽禁在女性居住的内宅；客厅里与客人交谈，教学，写信，一律使用英语。我家未发生这样的变态行为，对孟加拉语的钟爱极为深挚，凡事都讲孟加拉语。

我家返璞归真的努力是值得一提的。钻研《奥义书》，使我的家庭与世前时期的印度建立起密切联系。孩童时代，我几乎每天以纯正的发音朗读《奥义书》[①]的诗行。由此可以明白：孟加拉地区风行的宗教冲动情绪为什么没有渗入我家。家父倡导的是在宁静的气氛中进行祈祷。

这是家庭生活的一个方面。另一方面，英国文学曾给我的长辈带来许多欢乐。品尝莎士比亚的戏剧趣味，活跃了我家的气氛。华尔特·司各特[②]对他们的影响也很大。孟加拉当时还未掀起如火如荼的爱国运动。郎迦拉尔[③]的诗作《没有独立谁愿意

[①] 印度古籍。

[②] 华尔特·司各特（1771—1832）系苏格兰诗人及小说家。

[③] 郎迦拉尔（1748—1827）是孟加拉诗人。

活着》,赫姆·昌德拉[1]的名作《两亿人的生息之地》,唱出盼望祖国独立的心声,听似晨鸟的啼鸣。对在庙会上举行文艺活动的倡议和组织工作,我们一家人表示了极大的热情,但唱主角的是纳迦库帕尔·米特拉。我二哥为此特意创作了歌曲《胜利属于印度》堂兄卡纳写了《羞怯如何歌唱印度的光荣》大哥写了《印度,你明月般的面庞蒙上了灰尘》。五哥乔迪宾德拉纳特筹建了一个秘密团体,经常在废弃的旧屋开会。会场上摆着《梨俱吠陀》、其他典籍和死人的头盖骨,祭司是拉贾那腊衍·巴苏[2]。我们在那儿接受了拯救印度的启蒙教育。

志士仁人的理想、热情、行动未曾一股脑儿地强迫我们接受。它们的影响是通过平常的活动,一点一滴往我们心里灌输的。帝国政府的军警或许是对此缺乏警惕,或许是觉得不屑一顾,总之未来打破秘密团体成员的脑门,扼杀他们的志趣。

---

① 赫姆·昌德拉(1839—1918)是孟加拉诗人。
② 拉贾那腊衍·巴苏(1829—1900)是梵社成员、孟加拉教育家。

身体结实得过于顽固

午夜，远处传来胡狼凄厉悠长的嗥叫，好似
加尔各答某些旧宅颓垣下的哀泣

名门富家的仆人的住处叫作"憩室",尽管家道中落,憩室、账房、正厅等名称仍死抱着我家的地基不放。说实在的,我家的境况已和穷人相差无几,几乎没有马车等摆场的负累。庭院角落里罗望子树下的茅屋里,有一辆旧车,养着一匹老马。我的衣着十分朴素,很晚才穿袜子。早餐偶尔突破仆人订的菜谱范围,有块松软的面包和香蕉叶包的黄油,那高兴的劲儿,简直就和手捧着月亮一样。当时家里正教育大家,要坦然承认富裕的家境已衰败的现实。

仆人的头领波罗吉沙尔坐在席子上,跟我们闲聊。他须发斑白,面皮干枯,皱纹纵横交错,表情呆板,嗓音粗哑,说话啰唆。他先前的主人是赫赫有名的富翁,如今屈尊照拂我们这群幼小的无名之辈。据说他过去当过乡村教师,至今保持着教师的风度和语言习惯。他不说"先生们坐着",而说"先生们正襟危坐地恭候着"。我们听了不禁哑然失笑。

波罗吉沙尔伺候我们吃饭的方式与众不同,不是先把足够的饭菜盛在一只只盘子里,而是等我们落了座,手指捏着煎饼,摇晃着逐个询问:"要不要再来一张?"从他的声调不难揣摩他企望的回答。我几乎每回都说"不要了"。他也就不再强劝。我素来对牛奶兴趣索然，但喝奶是他难以抑制的嗜好。他屋里碗柜里一只大铜碗，天天盛满牛奶，一只木盆里总有煎饼和菜肴，一只猫老在窗纱外转来转去地嗅着。

我从小习惯于尽量少吃食物，但不能说我少吃了身体瘦弱。比起食量大的孩子，我的力气大而不是小。我健康得可恶，想逃学逃不成，苦恼极了。折磨身体，照样不生病。一整天脚穿水泡湿的鞋子，也不着凉感冒。秋天睡在露天凉台上，露水濡湿头发、衣服，嗓子眼里仍没有咳嗽的动静。我从未发现消化不良之类的肚痛的征兆。实在想逃学，只得对母亲撒谎说肚子痛得不行。母亲肚里暗笑，未露出一丝忧愁的表情。她把仆人叫去，吩咐说："去，告诉家庭老师，今天不必上课了。"

我那位守旧的母亲认为，儿子旷几节课，学业不会有损失。假若落到现在那些望子成龙的严厉的母亲手里，送回学校自不待言，耳朵也少不得被拧几下。

我母亲有时微微一笑，让我喝一口蓖麻油了事①。生病在我一向是件乐事。偶尔发烧，家里

_____

① 当时印度人认为肚痛因消化不良引起，喝蓖麻油能润肠止痛。

人不说是发烧，而说身子有些热。于是请来郎中尼勒麦达巴。我当时还没有见过体温表。他摸摸我的额头，开出第一天的处方：吞一口蓖麻油，禁食。给我喝的水也很少，而且是开水①。禁食后的第三天，吃的泡饭，喝的鱼汤，如同琼浆玉液。

我记不起发高烧是什么滋味。从未患过疟疾，服过奎宁。泻药的王国里，只有蓖麻油。我身上未落下一块伤痕或疮疤。我至今不晓得什么叫麻疹、水痘。我的身体结实得过于顽固。如今的母亲想让孩子不得病，逃不出老师的手心，最好雇佣波罗吉沙尔这样的仆人。既省医药费，又省伙食费，尤其是掺假的机磨面粉和酥油盛行于市场的今日。

我每天傍晚听波罗吉沙尔讲葛里迪巴斯改写的《罗摩衍那》史诗故事。《罗摩衍那》中的说唱词，波罗吉沙尔拖腔带调地背得下来。他端坐在席子上，把葛里迪巴斯抛到九霄云外，绘声绘色地表演：啊，出现了预兆。啊，凶兆，凶兆，大事不好……他面带笑容，秃顶闪闪发亮，儿歌般的唱词，像清泉汩汩流出他的喉咙。每行的韵脚铿锵有力，像水下敲击的鹅卵石。唱着，唱着，

---

① 印度人平时喝生水，生病才喝开水。

便手舞足蹈起来，把听众引入故事的情境之中。

夜深了。草席上的故事会散了。脊梁骨里装满对魔鬼的恐惧，我回到内宅母亲的房里。母亲正和伯母她们在打扑克。水磨石地板像象牙一样光洁，床上盖着床罩。我们几个孩子不停地捣乱，她无奈地掷下牌，说："伯母，您给他们讲个故事吧。"

我们在游廊里用陶罐里的水洗了脚，拽着堂祖母上床。故事从唤醒在地狱沉睡的公主开始讲起，讲了一半，唉，谁来唤醒我哩！

午夜，远处传来胡狼凄厉悠长的嗥叫，好似加尔各答某些旧宅颓垣下的哀泣。

然而
混沌中苦挣的万千词汇
在我脑海里忽隐忽现
犹如山顶上浮动的雨云
等待偶然吹来的一阵风帮它卸去雨水的重负

学习印度音乐

　　我从不循规蹈矩地学习，这源于我个人的原因，绝不是别人的过错。我随意闲逛，兜里揣满偶然学到的零七碎八的知识三哥的大女儿小时候就跟毗湿奴老师学习印度音乐。我也曾在她的音乐学校学习。当今没有一位音乐家，无论是著名的还是一般的，愿意接触毗湿奴老师教过我们的那些歌曲，那些都是最流行的孟加拉民歌，例如：

　　一个吉卜赛女郎来到镇上，
　　为人文身，姐姐，
　　人们说文身没什么，
　　可她的咒符镇住了我，
　　她嘲笑我，我听了流眼泪。

　　我还记得下面几句：

　　太阳和月亮承认失败，
　　萤火虫的吊灯照亮了舞台，
　　莫卧儿人和帕坦人回去了，
　　织布工正在读波斯的书。

　　以及：

　　你的儿媳是大蕉树，
　　葛内斯的妈妈，别打搅它，
　　只要花开，每天生长，
　　她就会儿女绕膝，
　　多得让你不知所措。

　　我还记得一些使人从中窥见已被遗忘的古老

历史的歌词：

> 一片长满荆棘的丛林，
> 只有野狗在里面生活，
> 他为自己做了个王座。

如今学习音乐的习惯是先随风琴练习音阶，再教简单的印地语歌曲。以前教我们的老师不这样，他是个聪明的老师，明白儿童有自己的特殊需求。简单的孟加拉词语，比印地语容易得多。而且，这些民歌的节奏不理睬手鼓，它能把自己的韵律舞动得像我们的脉搏。试验表明，幼儿从妈妈的儿歌中第一次懂得欣赏文学的同时，也从中第一次懂得了欣赏音乐。

风琴那时还未伤害印度音乐的特性。我是跟随贴着肩头的弦琴练习唱歌的，我无意成为键盘的奴隶。

我从不循规蹈矩地学习，这源于我个人的原因，绝不是别人的过错。我随意闲逛，兜里揣满偶然学到的零七碎八的知识。如果那时我愿意专心学习，当今的音乐家就不会对我的作品不屑一顾了。每当我哥哥监督我学习时，我就心不在焉地跟毗湿奴老师哼唱歌颂梵天①的歌曲。有时候

---

① 印度神话中的创造大神。

心情好，我躲在门廊里听三哥练习歌曲。有一次，他以贝哈格调吟唱：你缓缓地行走。我偷偷地记住了调子，晚上唱给妈妈听，她听了万分惊喜，其实这是很容易的事。我家的朋友坎塔先生，成天沉迷于音乐。沐浴前，他坐在走廊里抹薰和了查梅尼花汁的香水，他手捧着水烟筒，蓝色的烟香四散开来。他嘴里老哼着歌儿，引得我们这些男孩围在他周围。他从不教我们歌曲，只唱给我们听，我们不知不觉便记住了。有时他抑制不住激情，站起来边弹琴边唱歌边跳舞。他传神的大眼睛闪烁着兴奋的光芒，不停地高唱：哦，放下波罗兹的笛子。直到我们同他一起唱起来。

有一天，一位陌生人来到我家，肩扛布包的弦琴。他在客厅的一侧坐下，打开布包，随意地伸直双腿。侍候客人抽烟的仆人赶紧把水烟筒递到他手中。

那位陌生歌手心安理得地在我家住了些日子，没有人对他提任何要求。早晨我把他从蚊帐里拽出来，让他唱歌给我听。一支晨曲：哦，我的笛子……便袅袅升起。我这个人对常规学习毫无兴趣，对非常规的学习却情有独钟。

我稍大了一点后，家里来过一位杰出的音乐家贾都瓦达。他坚持按部就班地教我音乐，是犯了个大错误，结果没教会我一首歌曲。不过我倒是在不经意间从他身上偷学了一些知识。我非常喜欢那首歌：今天淅淅沥沥地下雨……这是一首卡菲调歌曲，至今与我雨季写的歌曲做伴。

我是一叶扁舟
你是大海
也是船夫

———

诗的背上落下凶狠的拳头

如同小鹿长出了新角，到处乱拱乱撞，我也无所顾忌地大写特写，新作像雨后春笋般地问世了我开始练习写诗大约是七八岁光景。我的外甥乔蒂·玻罗格施[①]年龄比我稍大，他刚刚迈进英国文学的大门，每天兴致勃勃地背诵剧本《哈姆雷特》的独白。我一直不明白，他为什么突然鼓励像我这样的小孩写诗。有一天中午，他把我叫到他的房间，一本正经地说："你得练习写诗。"说罢，他耐心地为我讲解每行十四个音节的"波雅尔"诗体的特点和用这种诗体写作的方法。

　　在那以前，我只在印刷的诗集中见过诗这种东西，从未为它动过脑筋，不知何谓修改，诗中凡人的缺点的端倪，从未在我的眼前暴露。我做梦也不敢想，下功夫我自己也能写一首诗。

　　有一天，我们家里逮住一个小偷，我胆战心惊但十分好奇地去看那个人。看上去，他和普通人没有什么两样。我家门房抓住他，狠狠地揍他的时候，我心里非常难过。对于诗歌，我差不多有过类似的心态变化。亲手把几个词拼成了一行"波雅尔"体的诗，我对高贵的诗歌创作的神秘感，荡然无存了。起初我觉得，我也不能容忍毒打"诗"这个可怜的家伙。可之后漫长的岁月里，对于刚写成的诗，虽然心存怜悯，也挡不住必要的"狠

揍"，手总感到痒痒的，我写的诗的背上落下那么多凶狠的拳头，其数量大大超过那个小偷的背上落下的拳头。

一旦消除了恐惧感，谁还能挡住我创作的步伐！在一位仆人的协助下，我弄到了一本蓝皮练习本，开始在纸上用笔写诗行长短不一、字母硕大的诗句。

如同小鹿长出了新角，到处乱拱乱撞，我也无所顾忌地大写特写，新作像雨后春笋般地问世了。在这儿尤其要提一下我的哥哥索蒙德拉纳特。他为我的新作感到无比骄傲，他寻找听众的热情搞得全家鸡犬不宁。记得有一天，我们兄弟俩在一楼账房里对经管田庄的账房先生们炫耀了我们的诗才，从里面出来时，《民族报》的编辑那波戈帕尔·米特罗刚跨进我们家的门槛。索蒙德拉纳特一把抓住他，说："那波戈帕尔先生，罗毗①写了一首诗，请洗耳恭听！"我当即朗诵一首新作。那时我的诗集还不重，诗歌的成就，可以毫不费力地装在诗人的上衣口袋里。我既是作者，也是印刷者和发行者，三位一体。只有广告工作，由我的哥哥鼎力相助。我站在大门口，以

---

① 泰戈尔的简称，"罗毗"是泰戈尔全名的第一个音缀。

高亢的声调，为那波戈帕尔先生大声朗诵了一首以莲花为题材的诗。他听了笑笑说："不错，但'迪雷夫'①这个词是什么意思？"

"迪雷夫"和孟加拉语中的"Bromor"（蜜蜂），都由三个音节组成，用"Bromor"这个词，诗行念起来不会不顺畅。我记不清楚我是从哪儿挖到的那个生僻字"迪雷夫"的，全诗中，我对这个词寄予了最大希望。在账房里先生们的面前，我使用这个词，获得了突出效果。但这个词居然未能撼动那波戈帕尔先生一根毫毛，他甚至付之一笑。于是我坚信，那波戈帕尔先生不是我的知音，从此，再没有在他面前朗诵我的作品。后来，我渐渐长大了，谁是知音，谁不是知音，审查的方法似乎并未发生明显变化。那波戈帕尔先生尽管对我的诗一笑了之，但"迪雷夫"这个词，像吮蜜的蜜蜂，从此坚守在自己的岗位上。

① 孟加拉语的一个生僻字，意谓蜜蜂。

跟着父亲游览喜马拉雅山

　　火车向前飞奔，列车两侧，一排排绿树镶嵌的广阔原野，葱郁树木掩映的一座座村落，画一般迅速往后滑动，仿佛屏景里的湍流举行了削发、左肩挂圣线的宗教仪式，我急得整天抓耳挠腮，愁眉苦脸。挂着那玩意儿怎么去上学？洋人的孩子对印度的牛抱有浓厚兴趣，但绝不会看得起我这个年幼的婆罗门！即便不朝我的光头投掷什么破烂取乐，奚落嘲笑是免不了的哩。

正当我心事重重的时候，我被叫上三楼。父亲问我，想不想跟他去喜马拉雅山。我若石破天惊地大叫一声"想"，这是道出我真实心情的回答。我就读的孟加拉小学，岂可与神奇的喜马拉雅山同日而语！

离家那天，父亲按照惯例，把全家人叫到游廊里，举行祈祷仪式。我向长辈们行摸足大礼，跟父亲上了车。

前往喜马拉雅山之前，我们在波勒普尔住了几天。

火车向前飞奔，列车两侧，一排排绿树镶嵌的广阔原野，葱郁树木掩映的一座座村落，画一般迅速往后滑动，仿佛蜃景里的湍流。日暮时分，我们准点抵达波勒普尔。

我当时还小，可父亲并不阻拦我外出游玩。

旷野表层的土壤让雨水冲走，裸露出绛红的鹅卵石，形状奇异的小石堆，洞穴，一条条细流，颇似小人国的地貌，当地人称起伏的沙丘为"库亚伊"。我用衣摆兜着捡到的五颜六色的石子，欢天喜地地回到父亲身边。他没有面露不悦神色，也不说我耐心地捡石子是可笑举动。相反，他惊喜地赞叹："啊，这些石子真好看，哪儿捡到的？"我洋洋得意："还有好多好多，成千上万颗呢，我每天去捡。""很好，很好，用石子装饰那座土山吧。"他为我出主意。

沙丘地里有一个蓄满雨水的深潭，碧澄的水漫过潭口，汩汩流向沙地，几条小鱼神气活现地逆水游泳。我异常兴奋地向父亲报告："我发现了一股十分美丽的泉水，弄几罐来，可以喝，也可以冲澡。"

"太妙了！"父亲快活地附和，旋即派人去汲水，以此作为对发现者的奖赏。

早晨，他带我出去散步，遇见化缘的僧人，吩咐我布施。最后结算，账目怎么也对不上，剩余的钱比账面上的数字多出许多。父亲跟我开玩笑："看来我应该聘你当我的账房先生，钱在你手里会膨胀哩。"

离开波勒普尔，我们先后在萨哈卜甘杰、达那普尔、阿拉哈巴德、坎普尔等地小住，而后到达旁遮普省首府阿姆利则。

在我的心目中，阿姆利则的金庙和梦中的天宫一样。好几天早晨，我跟随父亲前去瞻仰湖中央锡克教的庙宇。那里经常举行宗教活动。我父亲坐在锡克教徒中间，突然声调悠扬地与他们一道赞颂神明。他们听见一个异乡人竟能唱他们的颂神曲，惊异之余，极为热情地对他表示欢迎。他归来时总带着他们馈赠的冰糖和甜食。

有一天，父亲把金庙里的一位歌手带回住处，请他唱祈祷歌曲。也许，父亲给他的赏钱，即使少一些，他也会满意。多给钱造成的恶果是，想为我们唱歌的歌手朝我们下榻的旅馆蜂拥而来，需要采取严厉的措施，才能把他们挡回去。在住处找不到我们，他们开始在街道上"袭击"我们。每天早晨，父亲带我出去散步，这时，常有歌手背着弦琴突然出现在我们面前。在街道的僻静处，冷不防看见他们的琴柄，我们如同不熟悉猎手的鸟儿，看到谁肩上扛的枪管，就吓得魂飞魄散。然而，"猎物"也变得聪明起来了，他们的琴声起了开空枪的警示作用，远远地就把我们轰走，于是他们无法擒获我们了。

暮色降临，父亲坐在花园前的游廊里，叫我为他唱梵天①颂歌。

　　我们在阿姆利则住了将近一个月，四月下旬，向达拉霍希进发。喜马拉雅山的召唤，已使我心神不定，在阿姆利则再也待不下去了。

　　我们乘坐滑竿上山，一路望见山谷里一片片早熟的春季作物，像蔓延的绚丽火焰。我们早晨吃了牛奶、面饼起程，傍晚在一家客店里投宿。我怕漏看了什么，一整天眼睛睁得大大的。山路转弯处、沟壑里，挺拔的树木枝繁叶茂，浓荫匝地。山岗像千年修行的隐士，几泓涧水好像他的女儿，在他怀里撒娇，随后淙淙奔出冷寂的暗洞，穿过树荫，滑下苍苔斑斑的褐黑岩石。脚夫在阴凉处放下滑竿，稍事休息。我在心里贪婪地说："为什么离开景色幽美的山区呢？在这儿定居多么快活啊。"

　　黄昏时分，父亲把椅子搬到驿馆外面坐下，山区透明的夜空，一颗颗星神奇而清晰地闪现了。他教我识别天上的星宿，为我讲解天文现象。

　　到了帕格罗塔亚，我们住在最高的山峰上。

---

　　①　印度神话中的创造大神。

虽说已是五月，天气仍然寒冷，阳光照不到的阴坡，冰雪尚未融化。

即使在那儿，父亲也从不阻止我去爬山，从不害怕发生意外。

住所下面的山坳里生长着一大片雪松。我常常拄着铁尖顶手杖，在树林里玩耍。巍然矗立的雪松像巨大的魔鬼，拖着长长的身影。他们都几百岁了，那天一个渺小的男孩坦然地在他们身边走来走去，他们对他没说一句话！进入树荫产生的特殊感觉，很像触到阴冷滑腻的蛇皮。树底下枯叶上糅杂的光影，有如远古巨蟒的奇特花纹。

靠外一间屋是我的卧室。夜里躺在床上，透过玻璃窗遥望，朦胧的星光下，山顶的积雪闪着暗淡的光泽。记不清多少天夜里，我睡眼惺忪地看见父亲身穿赭色道袍，端着蜡烛台，轻手轻脚走到外面镶玻璃的游廊里，坐下做宵祷。

不知睡了多久，我突然发觉，父亲把我叫醒了。夜色尚未全部消散。按照父亲订的课程表，这时候我应该背诵梵文初级读本中"nor、norou、nora"等变形词。寒冷的清晨，我第一次尝到了钻出暖被窝极其艰难的滋味。

凝望着红日喷薄升起，晨祷完毕，父亲喝一碗牛奶，命我肃立身侧，又诵念《奥义书》中的经文，做一次祈祷。

之后，他带我出去散步。他走得很快，别说我，连成年仆人也跟不上他。途中，我只得走羊肠小道，抄近路赶回住所。

父亲回来后，我照例学一小时英语。十点左右，用冰冷的雪水洗澡，一回也不许少。仆人不敢违抗他的命令往雪水里羼一瓢热水。为了壮我的胆，他讲述年轻时如何在不堪忍受的冷水里洗澡的情景。

喝牛奶对我来说是一桩苦差事。我父亲能一连喝几碗牛奶，我不敢肯定能否继承他喝牛奶的本领。但在父亲身边，我必须跟他一起喝。无奈，只得求仆人做手脚，不知他们可怜我还是关心他们自己，往我碗里倒的奶沫往往比奶多很多。

用完午餐，父亲再次授课。但我已经支撑不住了，清晨丧失的睡眠开始报复过早的起床，我一面听课一面打瞌睡。看我实在不行了，父亲宣布下课。可一刹那我的困意冰消雪化了，精神抖擞地出了大门，朝众山之王——喜马拉雅山奔去。

油菜花盛开的三月
我曾远望这样的景色——
一线河水缓缓地流动
沙滩灰暗
河边的一条土路揣着农田的友情
走进村庄的心田

五哥的实业梦

那些意气用事、不善经营的人的一大危险，是别人一眼就把他们看透，而他们不善于看清他人的面目五哥乔迪看了《交流报》上的一则广告，亲自前往拍卖会场，中午回来他告诉大家，他以七千卢比的价格，买了一条船的船体，只要装上柴油机，修建几个船舱，就是挺好的一艘船。

　　五哥这样做，也许因为对国内某些专门摇唇鼓舌、舞文弄墨，对航行一窍不通的文人，窝了一肚子火的缘故。在这之前，他请人试制了几盒火柴，可划来划去一根也划不燃。他信心十足地与志同道合者造了一台土织布机，可这台织布机只织了够做一块披肩的布，便一声不响了。他忽然又买空船体，意欲发展民族航行事业。可空船体不单安装了柴油机，修建了船舱，也装满了债务和厄运。

　　事实上，是他一个人承担了这种探索带来的损失，可发展民族工业的裨益，浓墨重彩地写在了国家的史册上。世界上这些不精于核算，不善于经营的志士仁人，一次次让艰苦探索的洪水，在国家的建设事业上漫过；那洪水倏地涌来，倏地退落，一层层留下的淤泥，把养分浸透祖国的大地。日后长出茁壮的作物，纵然无人记住他们，那些爱国志士也甘愿承受活着时和死后的一切经济损失。

　　一方是资本雄厚的英国公司，另一方是单枪

匹马的五哥乔迪。双方在航道上的战斗一天天变得多么激烈，库尔那和巴里萨尔的老百姓至今记忆犹新。在竞争的逼迫下，五哥购买了一艘艘船，亏损越来越大，收入却日益减少。票价已是名存实亡，库尔那——巴里萨尔航线上，出现了真正的"共产主义"时代。旅客不啻乘船不买票，旅途中还能吃到免费供应的甜食。巴里萨尔的志愿者们，高唱爱国歌曲，到处招揽旅客。于是，船上是不缺少旅客了，可物资等方面的短缺有增无减。

盲目的爱国热情，是找不到通往成本核算的道路的。不管颂赞多么动听，不管激情如何高涨，账本始终忘不了小九九，结果，账目不是迈着方步，而是像蚱蜢那样在负债之路上向前窜蹦。

那些意气用事、不善经营的人的一大危险，是别人一眼就把他们看透，而他们不善于看清他人的面目。他们学会知人善任，往往要付出巨大的代价，花费很长的时间。他们一生中往往来不及吸取教训，重整旗鼓。

旅客在五哥的船上不花钱吃到点心，五哥的雇员和水手中间也未出现像修道士那样忍饥挨饿的迹象。船上为旅客提供饮食，雇员和水手也未被剥夺享用的权利，最后，最神圣的收获——巨大的债务，属于五哥。

那些日子，我们每天听到库尔那—巴里萨尔水路上双方胜负的消息，无比激动地研究对策。有一天传来一则坏消息，五哥公司的"爱国者"号客轮与哈卜拉桥的桥墩相撞，沉入水底。五哥因此陷入困境，不得不关闭公司，没给自己留下任何东西。

出国镀金

　　走到户外一看，寒气袭人，满天皎洁的月光，大地覆盖着白雪，与我往常看到的世界迥然不同。这好像是梦境，又好像是别的什么家庭杂志《婆罗蒂》创办的第二年，二哥对父亲建议，他要带我去英国学习。父亲欣然同意，目睹命运之神再次对我大发慈悲，我又惊又喜。

小时候可以说我与外部世界没有什么接触。在那种状况下，十七岁的我，冷不丁坠入英国的人海里，难保不咕噜咕噜喝水，伸手蹬足，在水中挣扎。幸亏二嫂和侄儿侄女们住在波雷伊顿，和他们住在一起，初出国的尴尬神情没有在我脸上显现。

到了英国，天气越来越冷。一天晚上，我们在家里一面烤火一面聊天。孩子们突然激动地大叫着跑进来："下雪啰！"走到户外一看，寒气袭人，满天皎洁的月光，大地覆盖着白雪，与我往常看到的世界迥然不同。这好像是梦境，又好像是别的什么，近处的景物退到了远处，宛如一位洁白的修士，一动不动，身穿沉思之袍。到了户外，眼前这种令人震惊的宏阔的美，以后再没有获得欣赏的机会。

我出国，不是仅为走出大海彼岸的祖宅，走进大海此岸的一幢楼房。我的志向是认真学习，成为一名出色的律师，回国有一份体面的工作。于是，我进入波雷伊顿的一所公立学校。第一次与校长见面，他盯着我的脸，脱口说道："你的头太美了！"我之所以一直记着他这句话，原因在于，家里执着地要消灭我傲岸的那个人①，特别认真地提醒过我，与世界上大多数人相比，我的额头和容貌，只能被认为达到了中等水平。我完全信他的话，对于造物主在各方面对我如此吝啬，我感到懊丧，一向寡言少语。日子一天天过去，我发现在某些方面，英国人的看法和她的看法不同，为此我多次陷入沉思，也许，是因为两国评判的方法和标准不一样的缘故吧。

波雷伊顿这所公立学校的校风令我惊叹。英国学生对我的态度一点儿也不粗鲁。他们常常把橘子、苹果等水果塞进我的口袋，转身跑开。我相信，因为我是外国人，他们才对我如此友好。

我在这所学校里学习的时间不长，这不是学校的过错。塔罗格纳脱·帕里德先生当时恰好在英国。他认为，我老和兄嫂住在一起，是长不大的。他说服了二哥，把我带到伦敦，先让我一个人住在一所公寓里。公寓与里津德公园隔街相对。

天气奇冷。里津德公园里的树木落尽了叶子，直挺挺地矗立着，仰望着天际，弯曲瘦弱的枝条挂着雪花，朝那儿一望，一股寒气仿佛

①　指泰戈尔的五嫂。

110

渗进我的骨头。在我这位初来乍到外国人的心目中，没有第二个城市比冬季的伦敦更冷酷的了。周围没有一个熟人，街道也不太熟悉。一个人默默地坐在屋里，望着窗外的日子，重又回到我的生活中。可是，外面的大自然并不赏心悦目，它的额头紧蹙着；天空灰蒙蒙的，白昼像死人的眼珠黯淡无光；四个方向蜷缩成一团，听不见世界热切的呼唤。

住在公寓里的那段时间，一个英国人每天来教我拉丁文。此人瘦骨嶙峋，身穿的衣服破旧，如同冬天赤裸的树木，他也躲不过寒风的袭击。猜不准他有多大年纪，不过看一眼就明白，他比实际年龄老得多。每天教我的时候，他似乎找不到合适的词句进行讲解，一脸机匣不安的神情。

他的家人都知道他爱钻牛角尖儿。他正着迷地研究一种理论。他对我说："世界上一个个时代，在同一年，不同国家的人群中，产生相同的情感。当然，由于文明程度的不同，情感发生一些扭曲，但他们处于相同的社会氛围中。人们相互见面，不一定导致相同情感的传播，而互不见面的所在，未必没有传播的例外。"

为了证明他的理论，他埋头于收集资料，撰写文章。可他家里经常揭不开锅，没有换洗的衣服。他的女儿们不相信他那套理论，经常嘲笑他是在装疯卖傻。

大多数日子，他心情郁闷，没精打采，仿佛再也扛不动他肩负的重任。有时讲课莫名其妙地卡壳，他两只眼望着空中，似乎无力将他的神思重新拉到初级拉丁文语法中来。看着被精神负担和写作的重任压得佝偻了的、饿得形容枯槁的这位老师，我心里充满悲悯。尽管我心里明白，他对我学习拉丁文毫无帮助，但总不忍心开口说"你别再来了"。

住在公寓里的日子，是在学习拉丁文的幌子下度过的。同他告别，按照规定付给他酬金的时候，他嗫嚅着说："我浪费了你的时间，没有教给你什么知识，我不能收你的钱。"我费了不少口舌，才说服他收下酬金。

搬出公寓，我住在名叫帕尔格尔的一位教师家里。帕尔格尔先生在家里辅导学生温习功课，准备考试。他家里除了温和善良的太太以外，没有几样惹人喜爱的物件。可怜的学生根本没有机会复习自己喜欢的内容，所以我不明白为什么这位老师居然找得到学生。这位脾气古怪的老头儿，竟有一位如此善良的妻子，想起来我真为她难过。帕尔格尔的妻子的唯一安慰是一条名叫泰尼的狗。可帕尔格尔只要想惩罚妻子，就折磨泰尼。为了这条狗，帕尔格尔的太太多受了不少煎熬。

正当我度日如年的时节，二嫂从英格兰西南部德芬希亚尔州的达尔吉市寄来一封信叫我去度假，收到信我高兴得跳了起来，立即乘车直奔目的地。那儿的山峦、大海、鲜花盛开的原野、大片绿荫婆娑的松树林，两个活泼可爱的侄儿侄女，给我带来的无穷欢乐，是难以言喻的。

出国深造成才——这位尊从，对我一直不放心。他不停地提醒我把心思放在学习上。不得已，我又回到伦敦，搬到名叫斯格特的一位德高望重的医生家里。

那天我拎着箱子，走进他的家门。家中只有这位银鬓皓首的医生、家庭主妇和他们的大女儿。两个小女儿听说一位印度客人要住在她们家里，吓得要命，逃到亲戚家去了。直到她们获悉，我并未为她们的家庭带来严重危险，心上的一块石头才落地，回到家里。

几天后，我成了他们家庭的新成员。斯格特太太像对自己的孩子一样疼爱我。她的女儿真心实意地给予我的关照，从我的亲戚那儿也未必能得到。

当时我在伦敦大学读书，亨利·姆尔里教我英国文学，他传授给我的，不是教科书里枯燥的内容。英国文学装在他心里，他的喉咙里倾泻的活力，沁入我们的心底，是我们的生命期待的养料，他的教学中，不糟蹋一点儿文学趣味。回到家里，我阅读克拉任丹出版社出版的书籍，翻来覆去地体味作品的内涵。换句话说，我承担了自己教自己的任务。

我在大学里只念了三个月书，但我在外国受的教育，几乎充满人的关爱。我们的造物主，一有机会，就往他的作品中添加新型材料。在与英国人心心相印的三个月里，我这件作品中也掺入了新材料。我肩负的任务，是每日黄昏至深夜十一点钟，渐次学习诗歌、戏剧和历史。这么短的时间内，学习的内容很多，那不是课堂里的学习，而是学习文学作品的同时，与人的心灵的交流。

在斯格特家里，一晃几个月过去了。二哥归国的日期渐渐临近。父亲特意给我写信，要我务必跟他一道回国，读着信我高兴极了。祖国的阳光、天空在呼唤我的心。离别之际，斯格特太太握着我的双手，流着泪说："既然你这么快就要走，你为什么到我们家来呢？"

我留学英国，没有成为长辈所期望的律师，我人生底部的结构没有受到足以使之动荡的冲击，在我的身上，实现了东方和西方的握手。我在生命之中找到了我名字的新含义。

成为彼此人性的支撑

我时刻在心中这样努力着，使自己在人生旅途中成熟起来今天从达卡回来，收到你的来信。在卡里格拉姆尽快处理完公事，我立即返回加尔各答，采取解决问题的适当措施。

小妹，你不要无谓地伤心。尽可能怀着一颗平静而满足的心，应对各种事件。我时刻在心中这样努力着，使自己在人生旅途中成熟起来。我们不可能时时心满意足，可你若能保持平静的心境，那么，在彼此的鼓励下，我也能坚强起来，获得满足带来的安宁。当然，你年纪比我小很多，生活中积累的各种经验是极为有限的，总的来说，你比我朴实、文静、克制、宽容。所以对你来说，想方设法使心儿摆脱各种烦恼的必要性，要少得多。然而，每个人的生活中，一旦遇到巨大困难，有时候需要努力保持冷静，事事处处满足的习惯，有利于问题的解决。这时就觉得，每天所有微小的亏损和阻碍，些许打击和痛苦，使人心里忧伤，坐立不安，实在算不了什么。怀着一颗爱心，把自己的事情做好，尽量愉快地、完美地履行彼此承担的责任，之后，任何时候，要发生什么事都让它发生吧。

人的一生是短暂的，苦乐时刻在变化着。坦然面对哄蒙欺骗、损人利己，是困难的，但不这样面对，人生的负担将渐渐难以承受，就不可能守护心中的崇高理想。如果做不到这一点，如果一天天在不满意和烦躁中，在与客观环境中的一些细小阻力的对抗中消度岁月，那么，这一生就会碌碌无为。博大的恬静，高尚的淡泊，超越功利的情义，不谋私利的行事……这体现人生的成功。

你如果获得心境的安宁，能给周围的人以慰藉，你的一生就比女皇还要伟大。小妹，要是让心儿不停地发牢骚，那只会伤害自己。我们大部分痛苦是自找的。你不要觉得我这是在发表演讲，说大话，而生我的气。你不知道我内心怀着多么殷切的希望在说这番话。我和你的互敬互爱，相濡以沫，这是一条纽带，越来越紧密，由此产生的纯净的安恬和幸福，是人世万物中最珍贵的，与此相比，每日所有的痛楚和灰心丧气，就太渺小了——此时此刻，它像一种诱惑闪现在我的眼前。

少男少女的爱恋中，蕴含狂热。也许你在自己的生活中也感受到了。到了成人的年龄，在奇妙的大家庭的波涛中，男女之间名副其实的持久、深沉、克制、无声的情爱游戏开始了。随着自己家庭的扩大，外部世界渐渐远去。所以，家庭大了，家中的幽静也随之增加。缠绵的纽带从四周将两个人维系在一起。没有什么比人的灵魂更美，一旦它在近处出现，与它面对面地认识，真正的爱情才首次萌生。这时，不再存在幻想，没有必要把对方当作神，团聚和分离中，不再刮起疯狂的风暴。但远离或相守，享福或危难，匮乏或富有，都沐浴于无虑的、信赖的、纯正快乐的净光。

我知道，你为我受了不少苦，可我坚信，正因为你为我受了苦，也许有一天，你将从中得到无穷快乐。在爱的宽容和吃苦受累中获得的那种幸福，在心遂意满和自我满足中是没有的。眼下我心中的唯一愿望，是让我们的生活朴素而简约，让我们四周的环境宁静、欢悦，让我们的人生旅程远离奢华，充满善德。我们的匮乏是寡少的，我们的目标是高洁的，我们的努力是无私的，国家的事业高于个人的事情。即使我们的孩子渐渐离弃我们的理想，渐渐远去，我们两个人，自始至终，也会成为彼此人性的支撑，成为为世事所累的心中的避风港，能够完美地走到人生的终点。所以，我如此急切地要让你们远离加尔各答的利益之神的石庙，来到这僻静乡村。在城里，无论如何无法忘记收益和损失、亲人和外人，那儿鸡毛蒜皮的小事，时时让人恼火，最后，高尚的人生目标，分崩离析。而在这儿，有一点儿就觉得足够了，不会误认为谎言就是真实。在这儿，时刻牢记誓言，不是件难事。

每个人有一片独特天地

我的人生和它一起成熟

我儿媳身上有许多优点，让她所有的优点充分发挥作用，是你的责任。当下你不考虑此事，今后就没有机会了。波罗蒂玛刚走进你的家。如今，你正使她的人生旅程改变方向，她会朝这个方向开辟道路。她会明白家庭究竟是什么样子，人生目标是什么，在她心里也将慢慢清晰起来。稀里糊涂地度过这一段时光，不养成坚定地、负责地、全面完善人生的习惯，将来就只能吃后悔药了。

我已远离这个大家庭和家产——这一切留给你了——你可以此维持生计，也要承担相应的责任——你若不把这些置于私利和享乐之上，而置于高尚的情趣之上——若能从各方面孜孜不倦地奋斗，发挥自己的才能——在知识、道义和造福等方面，倘若成就卓著，远离懒惰、懈怠、丑陋、想入非非、恣意妄为，你在家里获得立足之地，你的生活将多么幸福，这是我难以详述的。所以从今天开始，你们夫妻二人应携手并肩，共建高洁人生。今后我不再参与你们的任何事情——勉强去做是不适宜的——因为，每个人有一片独特天地——自己的生活和家庭问题，是别人解决不了的——要通过各种苦乐、成功、失败锻炼自己，逐步成长——从外部硬塞进来的观念，只会成为痛苦的缘由，不会带来任何好处。我的生活领域在别的地方——那个领域是我开拓的，目前需要我进一步开拓——我的人生和它一起成熟。你们的小家庭也是如此，在建造小家庭的同时，要使自己成长起来。要经历种种坎坷，沿着这条路，奔向目的地。在你们创建家庭的过程中，任何人干预都不好。实际上别人是无权干预的。你是有教养的成年人。你的工作领域就在你的手边，你已经到了主动接受新的考验，把你的事业引向成功之巅的年龄了。经过全面考虑，我把你们的一切交到你们手中，从中脱身了。我不想为你们设置任何障碍。我不想以任何方式把自己的意志强加给你们。那样做的话，只会使一切变得更加复杂。把持自己不享用的东西，是不公道的。所以，你尽可把家产全当作自己的，随意支配。不要向我投来征询的目光。家产或增或减，都是你的。你自己的世界，由你自己打造。以这种方法发挥你的全部才能，你就会成为有福之人。

不过，你要记住，你完成了学业，积累了人生之路的盘缠，做了充分准备，从容地踏进一个新家庭。但我这个儿媳和你不一样。她至今是个孩子。关于世界和个人，她知之甚少。在这方面她是不能和你平起平坐的。因此，你应承担唤醒她那颗心的责任。你要为她提供人生需要的各种营养。你有义务不让她身上的各种潜能枯萎。在增添人生阅历方面，她是你的徒弟，你是她的师傅。你要把她当作一个人，全面周到地照顾她，不能把她只当作一个家庭妇女，一个享受生活的女伙伴。她的某些特长如因受到冷落而泯灭，必将打击她整个人性。鉴于她目前的状况，只从你自己的兴趣、意愿和需求出发，要求波罗蒂玛，是不行的。从她的实际情况出发，从各个面培养她，对你来说责无旁贷。

波罗蒂玛的内心深处蕴藏着孝道，这是她力量的所在。就家庭而言，人们每天并未意识到多么需要它。但既然波罗蒂玛有这种孝道，不把它唤醒，就会使她禀性处于一种贫乏和饥饿状态。这一点，你千万不能忘了。

我没有更多的话要说了。但愿你们的小家庭在各方面都美好而充实。我把你们家庭的权力全交到你手中，衷心希望圣洁的福善之光时刻照耀你们的小家庭。从今往后，你们家里再没有要我做的事了。把我真诚的祝福转告我儿媳。愿她一生充满天帝的赞美。希望我儿媳以一双擅长侍奉的吉祥的手，从家中清扫一切懒散、沉闷和不美，于是，天帝的神圣愿望在她家中处处显现。

不让他讲完他会恼火

　　我假如不答应提供椅子、凳子，他未必伤心。
但他下苦功夫背下的演讲词，不让他讲完，他会
恼火

昨天我在公事房里处理杂务，同雇农交谈，问他们有什么要求时，突然来了五六个男孩，神色庄重地站在我面前。不等我发问，他们中间一个口齿伶俐的孩子，以纯正的孟加拉语演讲般地开始说道："大人，承蒙天帝垂恩，您又光临此地，我们这群不幸的村童真是三生有幸！"

他以抑扬顿挫的语调大约演讲了半小时，好几次背错，抬天望着天空，想了想，纠正了继续往下背。

我终于听明白了，他们的学校缺少椅子、凳子。他谈了缺少椅子、凳子的严重后果，"我们端坐何处？堪受我们膜拜的老师当坐何处？督学光临我们学校，我们恭请他坐在何处？"

听着这个小男孩口若悬河地演讲，我肚里觉得好笑。尤其在这间公事房里，不识字的农民以朴素平易的农村方言，有板有眼地对我诉说他们的贫困痛苦。在这儿，我听他们说，每当洪水泛滥，发生饥荒，卖掉黄牛、牛犊、木犁，换到几升粮食，每天填不饱肚皮。而这个男孩演讲，"日日"这个词，他不用孟加拉语单词"ohoroho"，而用梵文词"rohoroho"；"越过"这个词，他不用孟加拉语单词"otikromo"，而用梵文词"otikroya"。以缺少椅子、凳子为内容的孟加拉语演讲，掺杂这么多梵文词，别人听了感到真有点不伦不类，古里古怪。

佃农和管家见这个小家伙"精通"文言文，惊叹不已。他们好像在心里抱怨他们的父母："爹妈舍不得花钱让我们念书，要不然，我们也能像他这样用纯正的语言提出自己的正当要求。"

我看见一个人用胳膊肘碰碰另一个人，用忌恨的语气说："这个小家伙是谁教的？"

他的演讲尚未结束，我打断他说："放心吧，我会给你们购置足够的椅子、凳子的。"但他还不罢休，停了片刻，从被打断的地方重新开始他的演讲，尽管他已达到目的，再说是多此一举。

他锲而不舍地说完最后一句话，向我鞠躬行礼，带着他的小伙伴兴高采烈地回家去了。我假如不答应提供椅子、凳子，他未必伤心。但他下苦功夫背下的演讲词，不让他讲完，他会恼火。所以虽然手头有许多急事，我仍耐着性子，神色和蔼地听他从头至尾背了一遍。

在小孩的世界里

树木对他摇晃着绿叶

用鸿蒙初辟之前的古老语言

簌簌地对他吟诗

起名字 ①

　　在这浩渺的世界上，这幼小的女孩初来乍到，没有露出丝毫惶惑和迷茫的表情。这儿好像有她永恒的权力，有她早已熟知的景物

----

　　① 本篇系泰戈尔为查格拉尔的女儿起名字时所作的讲话。

这个女孩是欢乐的生动形象，那天不知她从哪儿降落在她母亲的暖怀里，缓缓地睁开眼睛。当时她赤裸着，默默无言，全身没有力气。但踏上凡世的那一刻，她大声对茫茫宇宙提出自己的强烈要求。她说水是我的，土壤是我的，日月星辰是我的。在这浩渺的世界上，这幼小的女孩初来乍到，没有露出丝毫惶惑和迷茫的表情。这儿好像有她永恒的权力，有她早已熟知的景物。

能请身居要位的显赫人物写一封充满赞扬的荐举信，等于开辟一条在陌生国度的王宫里受到热烈欢迎的道路。在凡世降生的那天，这女孩娇嫩的小手确也握着一封无形的荐举信。是宇宙的至高无上者①把署上自己大名的一封信递到她手中的。信中说：这个女孩曾和我形影不离，你们若给予关怀，我将感到无比欣慰。

所以，谁还能将她拒之门外呢！苍茫大地当即说道："来吧，来吧，让我把你搂在怀里！"高空的星辰微笑着对她表示欢迎，说："你是我们中间的一员。"春天的鲜花说："我为你准备了甜蜜的水果。"雨季的云彩说："我已净化了你举行灌顶大礼的雨水。"

---

① 指印度神话中的创造大神梵天。

就这样，降生之时，自然之宫的朱门对她开启了。父母的慈爱也由自然酿造了。婴儿啼哭宣告自己存在的那一刻，陆地、河流、天空以及父母立即发出欢呼。她无须再等待。

然而，还余留着另一种诞生，也就是她要诞生于人类社会。起名字的日子就是她另一个生日。临世的那天，她有了形体，步入自然。今日，她又有了姓名之躯，朝社会迈出了第一步。呱呱坠地时，父母立即承认她是他们的骨肉。但如果她只是父母的，可以不起名字；每天用新名字叫她，不会增加他人的损失。可是，她不仅属于父母，她也属于全社会，亿万人的劳作、知识和爱情的巨大宝库是为她建造的。人类社会要给她一个姓名之躯，把她当作社会成员。

人的美姿和精神风貌通过姓名之躯得以表现出来。人起的名字包含全社会的期望和祝福。所以无论如何不能让名字遭到侮辱，变得黯淡无光，而要使名字富于尊严，凭借美感和圣洁，在人们心中获得不朽的席位。但愿肉体消失的那一天，姓名之躯依然在人类社会的心殿闪闪发光。

我们经过商议，给这个女孩起名为"阿咪达"，孟加拉语中阿咪达的意思是无边无际。这个名字寓意深长。我们看到世人的界限的地方，她不受限制。咿呀学语的她，不知道我们为她起名字是多么高兴，不知道外面日新月异的变化，不知道自己拥有什么财富——这样的茫然不知也是不受限制的。

当她长成倩女，她会找到自己的极限？那时她难道不比她熟悉的自己高大得多？人的无限突破自身的界限，这难道不是人最显著的特点？人看清本相的那天，获得撕碎渺小之网的力量，不承认既得利益是人生目标，并接受永久的福祉，认为它原本就是属于自己的。真正理解人的伟人的心目中，我们不是俗人，他对我们说："你们是天堂的儿女。"

我们呼唤名叫阿咪达的天堂的女儿进入我们的社会，祝愿这个名字使她终生铭记诞生的伟大意义。

在印度，为孩子起名字的同时，第一次让他吃饭，这两者有深刻的内在联系。婴儿只占据母怀的日子，乳汁是他的食物，不容他人分享。今日，这女孩有了姓名之躯，进入人类社会，开始品尝民众的食物。人们享用的米饭的第一勺米饭，今日让这个女孩享用。为做这一勺米饭，全社会出了力——某地区的某位农夫，头顶烈日，栉风沐雨，种植水稻；某一位挑夫运送稻谷；某一位商人在市场出售大米；某一位顾客把大米买回家；某一位厨师煮熟米饭，最后送到女孩的嘴里。这女孩一到人类社会就有人侍奉，社会拿出自己的佳肴款待贵宾。这件事本身含义深广，人类以此宣告：我承认我拥有的一切也有你的一份。你将听懂我的名人的格言，享受我的伟人修行的成果，我的英雄慷慨献身将完美你的人生，我的工人开辟的道路上将继续你的人生旅程。但这女孩并不知道她今天赢得了神圣的权力。让今天的良辰在她和她的一生中开花结果！

此时，我们深深地感到，人不只诞生在一个领域，也就是说，他不仅生在自然界，也生在福善的天地；不仅生在生灵的世界，也生在慈爱和欢乐的世界。自然界是一目了然的，在江河、陆地和花果中间随处可见，可它并非人最急需的栖息地。看不见的爱情和德行，扩展着自己繁多的创造，那充满知识、爱情和善举的欢乐世界，是人梦寐以求的。

何等荣幸，这个女孩！何等荣幸，我们每一个人！

黄昏时分
牛群在牧场的土路上扬起尘土
返回牛圈
当月亮升到高过村里的茅屋上方的炊烟的时候
我感受到了万象的第一个黎明发生的永久的离别
不禁满心哀伤

二十七岁，人生走向大致定格

　　年纪朝夕在我的脑海里萦绕，别的事情全视
而不见

时间一天天地流逝，年纪一年年地增长。两年前我 25 岁，现在已经 27 岁了。年纪朝夕在我的脑海里萦绕，别的事情全视而不见。

然而，人到了 27 岁，这难道是微不足道的小事吗？人跨过 20 岁的门槛，迅速朝 30 岁迈进。30 岁是成熟的年龄。换句话说，人在 30 岁上对作物果实的期望甚于浆汁。但是，哪儿有收获作物的希望呢？此刻摇摇我的脑袋，里面的浆汁咕噜咕噜地响，哪有什么成熟的哲理！

有些人常责问我：我们期待你写的佳作在哪儿呢？以前我们对你充满信心，所以看见那幼苗的嫩绿心里也非常满意，但这并不意味着允许它永远是幼苗。现在我们需要知道，究竟能从你那儿得到什么，应该估算一下，用黑布蒙着眼睛，公正的批评家转动榨油机，能从你身上榨出几斤油来。

看来继续哄瞒这些人是不行了。以前年纪小，人们对我这个少年的未来寄予希望，预付了几份荣誉。如今我正朝 30 岁挺进，再让他们伸长脖子坐冷板凳恐怕行不通了。可是我实在拿不出像样的作品啊。我制造不出广大民众喜爱的一件精品。除了几首歌、高谈阔论、玩笑和戏谑，再没有别的东西了。对我寄予厚望的人，动辄对我发火。可是，谁叫他们对我盲目地寄予那么大希望的呢？

维沙克月一天早晨，我在新年的新叶、繁花、阳光和暖风中突然苏醒，听说我已经 27 岁了，不禁心潮澎湃，思绪万千。坦率地说，只要你看不透一个人或一件事，你的想象和好奇就会凝成对他的一种特殊关爱。一直到 25 岁，一个人仍不易被别人完全了解。他有什么作为，能成为怎样的人，无法预测，他未来的成就比已有的业绩肯定大得多。但是，人到了 27 岁，他的天赋基本上可以看清楚了，他有多大作为，已显露端倪，八九不离十，他的人生走向大致定格了，一生中不大可能骤然出现奇迹。这时节，他四周有些人纷纷离去，有些人留了下来。留下来的，长年与他相伴。但此时既没有希望赢得新的爱情，也不用担忧新的离别。所以这不是件坏事，人生中有了令人宽慰的稳定性。对自己和他人都有所了解，忧愁不复存在。

我回到三月星空下的露台上
仰望着天空
那儿仿佛有一个孩子在行走
用她的面纱遮掩着许多灯

———————

每一天是一笔财富

乘海轮前往英国的途中，我看见的红海平静
的水面上缓缓下垂的灿烂夕阳，如今在哪儿?

昨天是阿沙拉月①初一，雨季隆重地举行了新的登基大典。这一天很热，下午，天上覆盖了浓重的乌云。

昨天我暗自思忖，雨季的第一天，我不能在枯井般的船舱里消磨时光，站在外面让大雨淋得浑身湿透，那样更好。印历1299②年，不会第二次进入我的人生。仔细想想，阿沙拉月初一还有几次光临我的今生哩，全加在一起，有三十天，就算是长寿了。迦梨陀娑写了千古绝唱《云使》之后，至少对我来说，阿沙拉月初一是一个具有特殊意义的日子。

我常常想，一天天的日子进入我的生活，有的日子被朝阳和夕阳染红，有的日子因浓云而变得凉爽，有的日子在满月下像洁白的花儿一样绽放，它们的价值难道还低吗？我难道还不够幸运吗？

一千年之前，迦梨陀娑热情欢迎的阿沙拉月初一，携带它满天的财富，每年出现在我的生活之中——那是古城优禅尼的不朽诗人的日子，也是世世代代有着说不完的悲欢离合的千千万万男女的日子。

---

① 印历3月，公历6月至7月。
② 印历1299年相当于公历1892年。

那极其古朴的阿沙拉月初一，每年在我的生活中减少一个——最后，这迦梨陀娑赞美的日子，这《云使》生动地描绘的日子，这印度的雨季恒久的第一天，在我的人生中消失殆尽。每每深刻认识到这一点，我就想再次满怀深情地注望这个世界，更自觉地迎接一生中每一天的日出，像送别挚友一样送别每一天的日落。

　　我如果是修道士一类的人，也许我会觉得，人生短暂，不能虚度每一天，应该诵念毗湿奴的圣名，多多行善。但我不是那种人，所以，我常常慨叹，如此美好的日子，竟从我的生活一天一天减少，我无力把它们全部留住！为这富丽的华彩，为这明媚的阳光，为这清秀的绿荫，为这满天无声的辉煌，为这充斥天国与凡世之间一切空虚的宁静和漪旎，所作的努力还少吗？这是庆祝盛大节日的场面！然而我们中间却没有对此作出应有的反应！我们竟在远离自然的地方居住！一颗星的光芒越过亿万公里，穿过几十万年，在无尽的黑暗的路上飞驰，抵达我们的地球，但不能进入我们的心田，离开我们的心田似乎还有亿万公里！绚烂的黎明和黄昏，像方向女神扯断的项链的一颗颗宝石，坠落大海，但一颗也没有落入我们的心中。

　　乘海轮前往英国的途中，我看见的红海平静的水面上缓缓下垂的灿烂夕阳,如今在哪儿?那一天我见到了我的鸿运,那个黄昏未遭到冷落而失去意义,则是我一生的幸运。昼夜无穷无尽,除了我,世界上没有第二个诗人见到那令人叹为观止的夕阳。它的色彩染红了我一生的年华。

这样的一天天,是一笔笔财富!我在贝纳迪花园别墅里居住的几天,在三楼顶上度过的几夜,在西屋和南屋的走廊里目睹的几场暴雨,在恒河畔昌德纳格尔别墅里欣赏的几个黄昏,在大吉岭的兴贾尔山顶上遥望夕阳下坠和明月升起……这些美好而辉煌的时刻,都珍藏在我的私人档案里了。小时候,在春天的月夜,我躺在楼顶上,美酒的白沫般的月光洒落下来,使我陶醉,我仿佛掉进了瑶池。

我来到了这个世界,这儿的人全是古怪的生灵,他们日夜制定法规,建造壁垒;他们小心翼翼地拉上帘布,好像怕两眼看见什么东西似的。世界上这些生灵实在太古怪了!他们怎么不为花儿穿上罩衣,怎么不在月亮下面搭个天篷哩,那倒也是让人感到奇怪的呀。这些甘当盲人的人,坐在漆黑的轿子里,在世界上行进,究竟见到了什么?假如真有人们企望和追寻的来世,那我宁可离弃遮盖得严严实实的世界,再生在自由、开放的美的乐园里。

人的语法中没有所有格

如果心灵不属于我，如果身躯不属于我，那么还有什么是属于我的呢？

古代遮那竭国王^①的王国里，一位婆罗门犯了大罪。遮那竭国王冷酷无情地对他说："喂，婆罗门，从今往后，不许你再待在寡人行施权力的地方。"

听了遮那竭国王的驱逐令，婆罗门诚惶诚恐地说："请大王明示，哪些地方有大王的权力。罪人将遵从旨意，远离那些地方，栖居在别的王国。"

听了婆罗门这番话，遮那竭国王长叹一声，默默地思忖。突然，他像被天狗吞噬的太阳，堕入幻境。

片段之后，遮那竭国王清醒过来，对婆罗门说："虽然朕继承的王国，在朕的统辖之下，可是深入思考之后，朕发现，朕并不拥有世上任何东西的权力。朕先是在大千世界，接着在京城弥提罗，最后在朕的臣民中间，寻找朕的权力，但至今未获得掌控一物的权力。"

遮那竭国王这番话的寓意是，我们所说的我的东西，其实不属于我。到目前为止，我和它们

---

① 遮那竭系印度史诗《罗摩衍那》中的女主人公悉多的父亲。

只有极细微的关系。对于它们，我不拥有丝毫的权力。

我们称孟加拉词"索斯梯"为"关系格"，是很恰当的。但英国人称其为"Possessive Case"（所有格），是非常错误的。

在人的语法中，只有"关系格"，没有"Possessive Case"（所有格）。

就连一个原子，我们也不能全部享用，不能彻底了解，不能将其消灭，不能超期保存。

更有甚者，我们和躯体和心灵保持着关系，可对它们也不拥有权力。仿佛我们极为贫困，住在一位富翁的宫殿里，他只允许我们使用几间房子的陈设。他给了我们一个心灵，一个躯体，此外，给了一些日用品。我们不能打破也不能转移其中的一件。如若轻举妄动，立刻受到严惩。

如果我们一时糊涂，认为"我的身体是我的"，带着这种想法，粗暴地对待它，病魔立刻找上门来，给你颜色看。

所以，应该小心翼翼，视自己的身体为他人的身体，仿佛是别人抵押给我的；时时保持警惕，免得挨打，身上留下伤痕，也免得沾染灰尘。

如果你认为心灵是"我的",毫无节制地使用它,终生就得忍受心灵的痛苦。所以,我们十分谨慎地呵护心灵。一只粗暴的手一触及它,我们万分恐慌。

如果心灵不属于我,如果身躯不属于我,那么还有什么是属于我的呢?

人生和演戏有许多相同之处

每天，成千上万的演员，默默无闻的也罢，
声名远扬的也罢，一一登上舞台，一一退出舞台长期以来，有些人说："我们是命运的玩偶。命运拿我们做游戏。"

所幸的是，这不是十足的儿戏。这出戏遵循规则，有一个结局。

印度的《往世书》中，把人生喻为演戏。不过，不能因为有罪过，就终生流放那样的比喻。

人生和演戏，有许多相同之处。

单独审视每位演员的表演，觉得所有演员的表演松散凌乱，毫无关联，弄不明白动作的含义。

同样，把一个人的日常生活从民众的生活中剥离出来，加以剖析，也会感到毫无意思，是命运的儿戏。

然而，事实并非如此。

我们在上演一出大戏，每个人的表演，丰富着这出戏的故事。

一个个演员粉墨登场，演完自己的一部分，相继退场。他不知道，他表演的一部分人生，如何组成了整个剧目的故事情节。他只知道自己的那部分，不知道与整个剧目的关系。所以，他认为：我演的一部分结束了，整个戏也就结束了。

　　每天，成千上万的演员，默默无闻的也罢，声名远扬的也罢，一一登上舞台，一一退出舞台。大家与这出大戏密切相关。有的关系多一些，有的关系少一些。有的知道，自己表演的一部分与整个剧目有多大关系，有的则一无所知。

　　假想一下，这是一出名为"法国革命"的大戏，重要的一幕结束了。千百年来，数百个国王，千千万万低微的平民，不知不觉演完了戏。单独阅读他们各自的人生，感到是一段段哀号。可是若有把它们全部组合起来的能力，就能读到一部情节连贯、场面恢宏的历史剧。

　　想象一下吧。凡世的上空，天神和无数星宿一起观看这出戏。他们全神贯注，兴致勃勃！一个世纪是一幕，情节一点一点展现。他们以丰富的想象，猜度着每一场的变化！即使事先读过史诗，读过剧本，仍以无限的好奇心，急不可耐地等待看每个结局！

　　即将上演更加动人的一幕，他们平心静气，心说："伟大的事件即将发生。多么精彩的表演！多么神奇的场景！多么宏大的戏坛！"

我看见群山和森林飞过无从知晓的年月

当星星翱翔时

「黑暗」颤成了火花

———

周围全是陌生人

我惴惴不安地观察着，我究竟成了怎样的人？待在什么地方？

仔细想想觉得好笑，即使十分密切，凡世的两个人多大程度上是息息相通的呢？与某个人相识十年，这十年中多长的日子算是对他有所了解呢？也许，终生相识，两者关系之资本，算一算，数量也不是很大。从这个角度而言，周围的人全是陌生人；于是我觉得，知音难觅。因为通常见面两天之后，就各奔东西了。

我们的亿万先人，在这阳光灿烂的蓝天下，也曾在人生的驿馆之中相聚，拱手作别，彼此遗忘，消失得无影无踪。如此一想，有些人的心中自然就萌生了断绝红尘的念头。不过，我却反其道而行之，有了更加广泛的观察，更加深入了解凡世的欲望。

我们几个生灵像物质之海的水泡，漂到一个地方，这神奇的相聚之中，内蕴多大的奇迹和欢乐呀，今后几百个时代中也未必有类似的相聚。所以诗人巴松德拉耶写道：

　　一瞬间我丢失
　　陈旧的几百年。

确实，人类历史长河的一瞬间，发生数百年的离合。这次来这儿之前，一天中午，"索"来到花园街我们家中，钢琴正在弹奏，我正要唱歌，不经意间扫视一下在场的人，蓦地觉得在无限流年的无穷事件中，这也是一桩奇事，其间的美质和欢乐，以及从流云飘移的天空射进开启的窗户的阳光，均是非同寻常的收获。

　　我不知道世俗生活的习惯的厚幕为什么撕开一条细缝，于是，我看见永恒背景上显映出体现个性的新生心灵、前面的景致和当前的事态。习惯的一个特长在于，它减少、淡化四周的不少东西，穿甲胄般地掩盖自己，使心灵不与外界接触。但那样的习惯不曾糊黏住我的心灵，我眼里古旧一再变成新颖；所以我心境里的景色与别人看到的渐渐有所不同，我惴惴不安地观察着，我究竟成了怎样的人？待在什么地方？

在沉睡的大地上
在不动的树叶间打瞌睡的夜风中
独自苏醒着的是谁呢？

一生不过是一瞬间的事儿

　　只有我羁留在岁月之河外面的幽僻之地；在我毫不知晓的情况下，整个世界在日新月异地变化着我到这儿仅仅四天，可是觉得熬过了无从计算的漫长时光。我想，假如我今天返回加尔各答，一定能发现许多领域发生了巨大变化。

只有我羁留在岁月之河外面的幽僻之地；在我毫不知晓的情况下，整个世界在日新月异地变化着。说实话，从加尔各答来到这儿，年月仿佛抻长了四倍；只有在我隐居的精神王国里，时针不循规蹈矩地移动。计算精神世界里的时间，是以感情的炽烈为标准的；某些片刻的苦乐，可以品味很久很久。在外面的人流、事件和一连串的日常事务不用时时核算的所在，像梦似的，极短的片刻变成漫长的时光，漫长的时光变成极短的片刻。所以我认为，所谓一段时光或一片天空，完全是我们的错觉。

每个原子是无限的，每个瞬间是永恒的。小时候，我读过的一部波斯长篇小说的题旨，与我的观点不谋而合。这部小说，我爱不释手。虽说年幼，它的内容我大致还是能理解的。在这部小说中，为了说明时间的长度是无足轻重的，一位到处流浪的穆斯林，把为之诵念了咒语的清水倒入一只木桶，恭请国王："陛下，请坐在水中沐浴吧。"国王一进入水桶，立刻发现他到了海边一个陌生的国家。他在那儿住了许多年，经历了沧桑变迁和各种事件，领略了各种喜悦和悲痛。

他结了婚，生了一群儿子。儿子们相继死去，妻子也故世了，他的财产荡然无存。抚今追昔，他痛不欲生，可这时突然发现，他坐在宫殿上的一只水桶里。他怒不可遏，把那个穆斯林大骂一通。他的大臣慌忙劝道："皇上，您不过在水里浸了浸，就把头抬起来了。"

我们的一生和一生的悲欢，也不过是一瞬间的事儿。我们觉得非常漫长非常显赫的东西，也只消在人世的水桶里抬头那一会儿工夫，就像瞬息的梦一样，变得微不足道了。流光是没有贵贱之分的，有贵贱之分的是我们凡人。

那天夜里
风暴撞开了我的大门

————

人的一生中总会有停歇之时

当人们否认在某个地方旅程已经圆满结束
时，必然把行走当作唯一的光荣

乐谱有休止符，诗行有停顿，正在写的这篇文章中，句号的重要性绝不亚于文章的其他部分。正是这些句号，握着文章的舵柄，不让文章漫无目的地呼呼地飘游。

事实上，一首诗即将完成，结尾是成功的关键。因为，佳作不会在诗尾后的空白中结束——它仍在诗句写完的地方说话——应该给它无声地说话的机会。

一首诗结束之处，如果它的乐音和词义全部耗尽，那么它会为自己的贫乏而感到羞愧。

逢年过节，一个人如果为了摆排场，花钱如流水，最后弄得身无分文，那么，那样的排场不是他富有的标志，他的贫穷将显露出来。

江河停止流动，是因为停流之地有大海，因而它并不蒙受损失。实际上，在陆地上远望，它停流了，可在大海里，它仍在流淌。

人的生活中，也有许多这样的停息。不过经常可以看到，人为停息而感到羞怍。我们常常听到英国人说，像马一样戴着笼头带着鞍鞯奔跑，栽倒在地而死，死得光荣！我们如今也常常引用这句话。

当人们否认在某个地方旅程已经圆满结束时，必然把行走当作唯一的光荣。

不懂得消费和施舍的人，只知道一门心思地攒钱。

消费和施舍的过程中，"积蓄"不断消耗自身，可这时"积蓄"以一种形式罄空，却以另一种形式获得成功。哪儿没有"积蓄"和有益的罄空，哪儿必然产生无耻的悭吝。

有些人的眼里，生活与吝啬鬼一样。他们不想在任何地方停步，不住地说："走，走，走！"一旦驻足，他们的行程仿佛就不能结束，就显得不严肃；他们只承认鞭子和笼头的功能，不接受美的停歇。

他们跨越了青春年华，仍死劲儿拖着青春往前走；他们千方百计动用一切资财，做这种力不从心的事情——伴随他们的，是无尽的羞耻、忧虑和恐惧。

果实成熟，离别枝条，是它的光荣。如果认为离开树枝是贫贱，那他就是天下第一号吝啬鬼了。

在博取权位的同时，应该记住：完美了权位，就应把它放弃。

"我要不遗余力，硬拖死拽，把这种权位保留到最后一刻——这是我的荣誉，我的成就。"有些人自小接受这种教育，只要没有飞来横祸，像飓风强行把他们从权位上拉开，他们就两手紧紧抓住权位不放。

在印度，在承认终结的人身上，看不到一丝羞惶。作出牺牲对他来说并不是一败涂地。

因为，弃绝并不意味着贫困。我们不能说，水果脱离枝条落到地上是失败。在地上，它奋斗的形式和领域发生了变化，它并未逃进萎靡颓唐。在那儿，接下来是更大的诞生的酝酿期，是在陌生寓所中的居住期，是从外界进入泥土的旅程。

印度的古籍云：年逾五十，人应进入森林居住。

可那片森林，不是懒惰的森林，而是苦修的森林。在那儿，多年来人积蓄的苦心孤诣，转化为奉献的苦心孤诣。

行动的榜样，不是人唯一的榜样，成果的榜样，才极为重要。当稻秧一面与烈日和暴雨斗争一面成长时，是很美的。可当水稻成熟，在地里的日子结束，在农舍里的日子开始时，也是很美的。稻谷中间寂静地聚集着在稻田里与烈日、暴雨抗争的经历，这难道有什么不光彩吗？

谁要是发誓只在"稻田里"，而不在"稻谷"中评价人生，他的人生就会毁于一旦。因此我说，人的一生中，总会有停歇之时。如果我们在别人停歇之时，向他索要他在工作之时，我们曾向他索要的东西，那不仅是不公正的，而且自己必然一无所获。

在别人停歇之时，我们期望从他那儿得到的，是最终取得"成果"的榜样，而不是某个阶段的"行动"的榜样。

当一切皆无休止地运动，只有破坏创造，只有兴盛衰落时，我们就不能完整地看到稳固的"成果"的榜样——当行动停止时，才能看到"成果"。人有必要看见这终了的意趣和固定的形态。我们既要稻田里的禾苗，也要廪仓里的稻谷。

苦干的人把劳作当作唯一的收获——为此，一直到死，他执拗地向别人要让他做的活计。

不同的社会有不同的需求，人的价值在于遵从社会的需求。哪个社会呼吁战争，哪儿的战士的价值最高。于是，大家抑制其他所有的奋斗，拼命想成为战士。

　　劳作的需求极其旺盛的地方，一直到死，人们无不竭力宣传自己的技能。那儿，可以说人没有句号，只有分词或非完成动词；人停歇的地方，除了羞惭，一无所获；劳作像一种烈酒，喝完了全身瘫软；沉寂之中没有人的丰富寓意；死亡的面目极为模糊而狰狞；不停地被搅翻的人生，痛楚，愤怒，在千百种机器的人为的驱赶下，不停地奔波。

踩着一个个瞬息走完人生旅程

风平浪静的帕德玛河畔，沉寂的沙洲上这幽静的中午，难道不能在我无限的往昔和无限的未来之间留下一点金色痕迹？

童年时代弥漫着的梦想，经常在我的脑子里浮现，而且不觉得那是很遥远的事情。然而，今生的一半年华已经逝去了。

我们是踩着一个个瞬息，走完人生旅程的。但总的来说，人的一切渺小至极，平静地思考的两个小时，可以容纳人生的全部内容。

雪莱在世三十年，他每天的奋斗，每天做的许多事，不过凝聚成了两卷本的传记，而且其中还掺进了道登①的不少废话。我的三十年，恐怕还不够写一卷本的传记。

人生就是如此，实实在在是渺小的！然而，它包含多少苦痛，多少忧思啊！为获得这一点点素材，我做了多少笔生意，经管了多少地产，调遣过多少人啊！我默默地坐在这张长宽不过一尺半的椅子上，但以各种方式，实际上占有多么广阔的土地啊！那散布于各地的东西，能留下来的，在心里清理一下，只需花两个小时，而且不会流传很多年。

今天中午，独自待在船上，我心中的感喟，这一天我的疏懒，不知在传记的哪几页里泯灭。风平浪静的帕德玛河畔，沉寂的沙洲上这幽静的中午，难道不能在我无限的往昔和无限的未来之间留下一点金色痕迹？

---

① 道登（1843—1913）系《雪莱传》的作者。

人的三个故乡

这时，我们顿悟，人心的一个领地，对所有
的人心是敞开的

我们的三个故乡，紧密联系在一起。第一个故乡，是地球。地球各地有人的房屋。寒冷的冰山，炎热的沙漠，难以攀登的高山，还有孟加拉这样的平原，到处有人的存在。事实上，人的栖息地是共同的。它不属于某个民族，而属于全人类。对人来说，地球上没有一个地方不能抵达。地球对人类敞开它的心扉。

　　人的第二个故乡是回忆世界。人们用从往昔获得的先人的故事，建造时光之巢。这个时光之巢，是用回忆建成的。巢里装的不是某个民族的故事，而是全人类的故事。人类在回忆世界相聚。这世界上人的栖息地——一边是地球，另一边是全人类的回忆世界。人出生在地球上，出生在万物的历史上。

　　精神世界，是人第三个故乡。可称之为所有心灵的大陆。心灵世界，是每个人心中交流的场所。有的心灵也许被窄小的院墙包围，有的心灵被扭曲得变了形。但一个广博的心灵，不是某个人的，而是世界的。我们偶尔看到它的真貌，说不定哪天还能听到它的呼唤。人有时突然为真理慷慨献身。在一般人中间也可以看到，当人忘记私利时，在爱他人的地方甘愿吃亏受损。这时，我们顿悟，人心的一个领地，对所有的人心是敞开的。

在苦乐的惊涛骇浪中
驾驶人生之舟

　　早晨，树木青藤上只有花儿绽放、绿叶的细浪、晨鸟的歌鸣和光影的颤动

"起来吧！苏醒吧！"这呼唤声已响彻四方。

我们中间谁已听见、谁未听见这呼唤？我不知道。但"起来吧！苏醒吧！"这句话一次次传到我们的门口。人世的每一道障碍、每一份痛苦、每一次分离，千百次弹拨我们的心弦发出的乐音中，回响的只有"起来吧！苏醒吧！"这句话。世界目不转睛地期待着由我们的泪水浸湿的新觉醒，在哪天的黎明时分莅临？长夜的黑暗消散的那一天，在新鲜纯洁的阳光中，展示我们前所未有的奋进？我们多年的痛苦哪天结出硕果？我们的泪水哪天才有价值？

今天早晨不用对鲜花说："夜已尽，天已明，你绽放吧！"今天树林中姹紫嫣红的鲜花轻而易举地以色彩、香气和艳丽播布着大千世界蕴藏的快乐，温柔地以甜美与大千世界建立关系。鲜花既不折磨自己，也不打击别人，任何情况下都不露出犹豫的表情。它全身始终洋溢着志得意满的欣喜。

见此情景，心中不免产生一丝妒意，暗想：我的人生为何不在普照大地的欢乐阳光下，也如此容易、如此完整地展示？人生之花所有的花瓣蜷缩着，在自己中间死死抓住什么？清晨，朝阳走来，用闪光的手叩击它的大门，说："如同我把金色花般的金光洒满天空，你也轻松而欢快地在全世界展示你自己吧！"黑夜静静地走来，用纤柔的手抚摸它，说："就像我从我无底的幽暗捧出我所有光明的财富，你也无声地开启内心深处的秘密之门吧！把深藏于灵魂的宝库一瞬间送到惊讶的世界面前吧！"大千世界每时每刻以奇妙的摩挲无声地对我们说："展示自己，奉献自己！把对自己的关注变向对所有的人的关注！向着陆地、河流、天空，向着充斥各种苦乐的人世间那无可描述的梵天，把你彻底地袒露一次吧！"

然而，困难重重。我们不能像清晨的鲜花那样轻易地、彻底地自我奉献。我们把自己隐藏在自己中间，因而我们四周万物的快乐白白地涌溢。

谁说快乐在浪费？谁能精确计算每个人中间隐藏的无穷生命力的成果？我们不像花朵，只有短暂的完满。就像一条大河依靠绵长的两岸之间千姿百态的流水，以波涛拍击山脉、平原、沙漠、森林、城镇、乡村，把自己漫长旅程中的大量积蓄时刻毫无保留地献给大海，永不停止；它的滚滚流水永无尽头，它的停顿永无终极，人性也经历类似的峰回路转，多姿多彩，大面积地获得高尚的成功。它的成功来之不易。像江河一样，它要凭借自己的力量和速度逐渐开辟自己的道路。它建成一段堤岸，冲毁另一段堤岸；在某地分流，在某地合流；遇到新的阻碍，形成漩涡，自己让自己变得宽阔。假如它不遇到障碍，就不可能变得宽阔。不变得宽阔，就不能在"无限"中充分展示自己。

是的，确有痛苦。人世间的痛苦永无尽头。因有痛苦的重压和打击，人世间才有大规模的破坏和创造。其间日夜翻涌的波浪，色彩缤纷，形态繁多；轰鸣时而雄浑，时而低沉！人假如渺小，在渺小中结束生命，就再没有像痛苦这种不合情理的东西了。诸多痛苦不属于渺小。痛苦是崇高的光荣。人性因痛苦的崇高而变得崇高，它用泪水举行灌顶大礼。花朵没有痛苦，禽兽的痛苦的范围很小。人的痛苦是多种多样的，深沉的，常常是无可言说的。人世间似乎不能完全找到人的痛苦的界限。

这样的痛苦使人变得高大，也让人清醒地认识到自己的高大。这样的高大让人有资格品味快乐。

人性是我们最大痛苦的珍宝，只有靠勇气才能获得。然而，常常是受了苦也难以得到它，经受了死亡的恐惧也难以得到它，经历了危险也难以得到它，即使有各种炽热欲望也难以得到它。在争取这难以得到的人性的努力中，灵魂感受到自己的全部力量。它从中得知，它昂首挺立在痛苦之上，死亡之上有它的功业。

对人来说，拥有人性不像鲜花拥有花性那么容易。通过人性，人应获得的东西，不是睡眠状态中可以获得的。为此，人世的一切严厉"打击"在对我们说：

> 起来吧，苏醒吧，找到真正的导师，提高觉悟吧，诗人们说，那条路像锋利的尖刀一样艰险。

所以，早晨，当树林中花叶中，它们细微的完美，它们天然的美艳，全部呈现之时，人行进在自己的崎岖道路上，忍受难忍的痛苦，怀着未竟的伟大事业的光荣，会不吟唱各种圣洁的快乐之歌？早晨，树木青藤上只有花儿绽放、绿叶的细浪、晨鸟的歌鸣和光影的颤动。在这明丽的早晨，人必须满怀信心，在争取胜利的坎坷道路上前进，忍受身体的疲累；在苦乐的惊涛骇浪中驾驶人生之舟。之所以能这样做，是因为人是崇高的，人性是坚毅的。

从无底的蔚蓝的心里
跃出金色的召唤

——

短暂人生与永恒人生

我住在乡村时，秉性内的欢乐，开启我内心
世界的乐园之门

有时候我想，我是幸福的人，还是苦命人，这对我来说都不是最后的结局。我们最幽秘的本性，在各种苦乐之中，感觉着自己的拓展。我们短暂的人生和永恒的人生交叠在一起，但两者不是一体，这我已清楚地认识到了。我们的短暂人生分享痛苦和欢乐；我们的永恒人生不沾丝毫苦乐，但从中汲取活力。

树叶每天在阳光中舒展，干枯，凋落，新叶同时又萌发；树木短暂的一生仅仅享受阳光，并在灼热中枯萎，而树木永恒的一生，从中积累了不燃烧的永恒之火。

我们每日的每个片刻的叶子，也朝四周舒展，分享人世一切流变的苦乐，并在那苦乐的灼光中干枯、焚烧、飘落；但我们的永恒人生，不会触及那片刻之火，然而可以从中不断地汲取热力。

谁享受片刻的苦乐的能力较低，片刻的焚烧也较短，他永恒生命的积储同样也较少。摆脱苦乐的灼烧，他们的短暂人生维持很长日子，他们在懵懂之幕的遮盖下，将片刻维持得较长；而让苦难的日子富于生气，就会突然发觉，它是属于永恒的；人世的区区小事，也就变得非同寻常了。

我们为什么能够作出重大的牺牲呢？是高

洁的激情，使我们的短暂人生与我们分离开来，它的悲欢便不再触及我们。我们蓦地发觉，我们比我们的悲欢高尚得多，我们摆脱了每日渺小的桎梏。

寻求快乐、挣脱痛苦，是我们的短暂人生的主要信条。但在一个个来临的日子里，我们发现，那样的信条在我们内心世界的某个地方寸步难行。我们击败短暂人生，赢得欢乐，把痛苦熔铸成项链，欣喜若狂。似乎借助内心世界的自由人的力量，历尽种种苦乐，我将永远获得人性的胜利。

然而，当周围又聚集了人群，每日的饥渴便更加厉害，从我们的眼前，把最幽深的自由的"刹帝利"①支开，那时就很难作出自我牺牲了。

我住在乡村时，秉性内的欢乐，开启我内心世界的乐园之门；曲子携歌词走进不朽，同样，内心永乐的曲调，使平常的家庭赢得永久的光荣；我们所有友好、亲情的关系，充满真挚，熠熠闪光。痛苦虽不因此而消失，可它超越了我的狭小界限，在无涯的天宇扩展；在那儿，它同时放射出不竭的美。

---

① 印度四大种姓中的武士种姓。

我的歌曲和春天的鲜花一样

全源于你

——

岁月不留人

在人生的此岸，我只有一小块耕地，我很
孤独

世界收纳我们一生中做的全部事情，但不会接纳我们。当我们把人生的作物装在人世之船上的时候，心里暗暗希望，船上有我的一席之地，然而，刚过两天，世界就把我们忘记了。你想一想，我们每个人的人生，建立在亿万被遗忘的人的人生之上。我们的食物、服装、宗教活动、语言情感，一切的一切，是无数前人被遗忘的劳作和被遗忘的奋斗的延续。我们生火做饭，可谁知道发明火的人？最初耕地种庄稼的人的名字，如今在哪儿？世世代代的人，以各种方式养儿育女，他们的所作所为，依然活在我们中间，但他们带着他们的名字，带着他们的苦乐，已消失在遗忘的深渊。他们每个人曾经对世界说："我甘愿为你吃苦受累，把我的一切都拿走吧；把东西送给你，是我的快乐，收下我的一切吧，但不要遗弃我，也不要忘记我——在我做的事情中间，请郑重其事地留下我的一点儿痕迹吧。"然而，哪有容纳人的那么多地方。我们人生的作物，以这样那样的形式，留了下来，但我们留不下来。

世人的这种急切心情，这种哀伤，一代代延续下来。在个人生活中，我们的爱情中也有这样的痛苦；我们可以提供服务，可以给予真爱，可同时呈送自己的话，那就只会是一种负担。我们奉献爱心，付出辛劳，但不要同时呈送自己，这就是人生教育。因为，呈送自己，纯粹是多此一举，也没有置放你的地方。那样做的话，只会减少赠物的价值。

有人喃喃地说："在人生的此岸，我只有一小块耕地，我很孤独。"——这不足为奇。我们每个人都是孤独的。每个人的四周，那无底的个性差异的鸿沟，谁能跨越？在一条条鸿沟之间特殊性格的后面，我们耕耘着自己的一小块人生之地。一天天劳作，一天天储存作物，终于有一天醒悟，我不能把这些作物带到任何地方去，全部都得留下。留给谁呢？接受者①，似乎认识又似乎不认识，他摇动过我们的心旌，但从不露面。我对他说："哦，你收下我的一切，也收下我吧！"他收下我的一切，但不收留我。我们怎么知道，他收集了我们的一切去了哪儿！他一刻不停地走向空茫的未来，我们何曾见过未来的边际！尽管如此，我们不得不把自己的一切交给这漫漫旅途中的大神，交给这既熟悉又陌生的人世；我们带不走一样东西，也不能把自己留下。

---

① 指创造大神梵天。

就这样
最后我走到人生的尽头
此时已是黄昏
我唱着最后一支歌
诉说着我曾爱过你的世界

我脚下的路

暮色渐浓的黄昏，偶尔回头远眺，但见路上凝聚着无数支被遗忘的足迹的赞歌，凝结着颂神的琴曲

一

我脚下的路，走出林海，走进一望无际的恒河平原。它在田畴河畔流连，在渡口榕树底下盘桓；从衰老的河埠踅回村落，穿过芒果园、芝麻地，绕过莲塘、祭神彩车，便不知溜达到哪个村里去了。

数不清的人，踏着这条路，在我身旁来去匆匆。有的携带家眷，有的望去只是团模糊的身影；有的蒙着面纱，有的露着面孔；有的去汲水，有的头顶盛满河水的陶罐归来。

二

白日流逝，黄昏来临。

我记得我有一天认为这路归我所有，完完全全归我所有。如今，看来我不过是受命在这路上走一遭而已。

柠檬林，池畔，十二座神庙前的埠头，沙渚，牛厩，稻垛……所到之处，那熟悉的瞥视，熟悉的语调，熟悉的嘴唇里，何曾再次听见"哎，你瞧"。

这路是前行的路，不是归返的路。

暮色渐浓的黄昏，偶尔回头远眺，但见路上凝聚着无数支被遗忘的足迹的赞歌，凝结着颂神的琴曲。

年复一年，一切过往的旅人的生平，被这路用一颗尘粒的笔锋简略地记载下来。尘粒的笔锋不停地移动，从日出的东山到日落的西山，从金碧辉煌的东方阊阖到金碧辉煌的西方阊阖。

三

"呵，脚下的路，你不要以尘土的桎梏禁锢千百年浩繁的史实，使它们有口难言。我侧耳贴近路面，对我细声耳语吧！"

路，伸出手指着黑沉沉的夜幕，不发一语。

184

"呵，脚下的路，亿万旅人的如许愁思，如许企望，湮没在何处？"

　　路不答话，像哑巴似的，只是牵引我的视线，从旭日喷薄的地平线到残阳垂落的西天。

　　"呵，脚下的路，你坦荡的胸脯上落下的花雨般的足迹，而今不复存在了吗？"

　　脚下的路莫非晓得自己的终结？那里，云集着全部回归的落花和缄默的弦乐，星光下正隆重举行苦难的永不熄灭的灯节吧？

友谊和爱情

　　我们由衷地希望，我们钟爱的人成为美的榜样。至于朋友，尽可跟我们一样，做一个善恶掺杂的尘世的普通人友谊和爱情，差别很大，可立马说出两者的不同之处，并不容易。

友谊身穿休闲服，可爱情身穿正装。友谊的休闲服一两处破了仍可以穿，稍微有些脏，无关紧要，下摆不到膝盖下面，无伤大雅，只要穿在身上舒服就行。

但爱情的服装非常整洁，纤尘不染，没有一点儿破绽。

友谊能忍受拧揉、拉扯、压挤，但爱情忍受不了。

我们钟爱的人，参与低下的娱乐，我们心痛不已，但不管朋友做什么，我们不会难过。当我们沉湎于享乐时，甚至盼望朋友出现在身边。

我们由衷地希望，我们钟爱的人成为美的榜样。至于朋友，尽可跟我们一样，做一个善恶掺杂的尘世的普通人。

我们的左右手捧着友谊。我们期望得到朋友的同情，得到朋友的爱护，得到朋友的襄助，所以，我们需要朋友。

但在爱的领域，我们首先渴求心爱，希望百分之百地得到他，当然期望得到他的真情实意，得到他的关爱，与他朝夕相处。即便一无所获，照样也爱他。我们在爱情中得到他，在友情中部分地得到他。

所谓友谊，可理解为三个实体，即两个人和一个世界。换句话说，两个人成为合作者，做好世上的工作。

而所谓爱情，只有两个人，没有世界。两个人就是两个人的世界。

所以，友谊的简称，是"二"和"三"，而爱情的简称，是"一"和"二"。

许多人说，友谊可以逐步演变为爱情，可爱情不能降格，最后成为友谊。一旦爱上一个人，之后要么爱，要么不爱；可与别人建立了友谊，并不妨碍渐渐地培养爱情。换句话说，友谊有升华的空间，因为它并不占有所有的地方。可是爱情没有扩张、收缩的余地。它一旦存在，便充斥所有的地方，否则，它就不存在。它看到它的权力不断减少，没有兴致再去占有友谊的方寸之地。昔日高踞宝座的国王，同意当无牵无挂的游方僧，怎会心甘情愿当纳贡的诸侯！要么手握权柄，要么四海云游！中间没有他的立足之地！

　　也可以这么说，爱情是寺庙，友谊是住宅。神明离开寺庙，不可能去做住宅区的事情，但在住宅区，可以安置神明。

百分之九十三的人生

人生虚度？就让它虚度吧！大部分人生创造出来，本来就是为虚度的有些富翁的花园面积，比住所大很多。住所是必需的，可花园是锦上添花，没有也可以过日子。

财富中内敛的慷慨，总是通过做一些并非非做不可的事情，昭示自己。山羊不太长的犄角，对它来说大有用处。但我们看到梅花鹿百分之九十三无用的犄角，心舒神爽。孔雀的彩翎，并非只靠艳丽取胜，它无用部分的荣耀，让黄鹂、鹈鸰和百灵鸟的尾巴艳美不已。

把自己的毕生精力全部用于做应做的事情的人，无疑是楷模。但幸运的是，没有太多的人以他为榜样。假如都向他看齐，人类社会就会像一只只有果核没有果肉的水果。确实，不能不称热衷于公益事业的人是俊杰，但人们都喜欢平庸之辈。

因为，平庸之辈可以从各个角度袒露自己。世上总做好事的人，只从益处的狭隘角度，触及我们生活的一小部分。他以公益的神圣高墙圈围自身，只开了一扇门，我们透过门向他伸手，他透过门向我们布施。我们那位平庸之辈，不从事任何事业，所以他四周没有高墙。他不是我们的支柱，仅是我们的伙伴。我们从乐善好施者那儿获得一些东西，与那些平庸之辈一起消受。和我们一起消受的人，是我们的朋友。

托上苍的福，我们大部分人像梅花鹿的长角和孔雀的彩翎，是闲人。我们的大部分人生，不值得写传记。所幸的是，我们大部分人不用拿着募捐簿，眼含泪水，走街串巷地募捐，以便死后请人雕刻自己的石像。

只有极少数人死后永垂不朽，所以这个世界才适合人居住。如果火车全成了专列，普通旅客会落到怎样的境地啊！这个世界是大人物的天下，换句话说，只要他们活着，至少他们的崇拜者和谴责者的心田，不过是一百多人的领地。他们死了，也不放弃地盘。非但不放弃，不少人还利用逝世的机会，扩大自己的权限。我们唯一的安慰是，他们人数极少。否则，在他们的墓地和石碑中间，贫贱者连造一间茅舍的地皮也找不到了。世界非常狭小，生者与生者为土地而争斗。不管是土地上还是在人们心田，为了比其他人多得一点儿权利，多少人弄虚作假，着手做从今世步入来世的准备。生者与生者的争抢，是平等的争抢，可死者与生者的争抢太惨烈了。如今死者超越了一切弱点，超越了一切局限性，徜徉在想象的世界。而我们在凡世的人，受到各种引力和推力的折磨，哪里斗得过他们呢？所以，天帝将大部分死者流放到遗忘之国。在那儿，没人缺少地盘。天帝假如把我们这些渺小的生者送到伟大的死者的领地，弄得我们形容枯槁，萎缩在角落里，那么他又怎能把这大千世界整治得如此美好，如此灿烂！对人来说，人心竟那么值得追求，这到底是什么原因呢？

伦理学家指责我们虚度人生，催促我们说："苏醒吧！建功立业吧！别再浪费时间了！"

毫无疑问，许多人不做事浪费了光阴。但做事浪费了光阴的人，既坏了事也糟蹋了时间。大地在他们脚下瑟瑟发抖，为了使无助的世界免受他们拼搏的折磨，天帝大声疾呼："从今往后，克制些吧！"

人生虚度？就让它虚度吧！大部分人生创造出来，本来就是为虚度的。可这百分之九十三的"无用"人生，证明了天帝的富有。在他的生命宝库里，从来没有贫乏，一生失意的我们，是它的无数证人。看到我们层出不穷的个体，看到我们古怪的多余存在，自然而然会想起天帝才是至尊至荣的。如同竹笛通过笛孔传播乐曲，我们通过占人口总数百分之九十三之多的我们的失败，宣告天帝的光荣。释迦牟尼是为我们脱离红尘的，耶稣是为我们献出生命的，仙人是为了我们进行苦修的，探索者也是为我们夜不能寐的。

人生虚度？就让它虚度吧！因为，虚度是必然的。必然的虚度也是成功。江河在流动——江河的水，不会全部用于我们的沐浴、饮用和稻田。大部分水仅仅保持着流动。不做别的事情，仅仅维护流动本身就是巨大成就。我们挖河开渠，把水引进池塘，但不饮用。用陶罐汲水，装满水缸，沉淀过的清水才饮用，可上面失去了光影的喜庆。认为善行是唯一成就，是吝啬鬼的观点。把达到目的当作唯一的结局，也是贫乏的体现。

我们是占人口总数百分之九十三的凡夫俗子，但不要因此自认为低贱，我们是人世之河的流动。人世间，我们的生命权限隐藏在人心之中。我们绝不会占有什么东西，也不会死死抓住什么东西，飘然而去。潺潺的乐章，由我们奏响，所有的光影在我们上面颤动。我们欢笑，痛哭，爱别人——与朋友做莫名其妙的游戏，与亲人海阔天空地闲聊，与周围的人一起毫无目的地消度白天大部分时间。之后，为儿子举行隆重婚礼，设法让他进办公室上班。我们没有在世上留下什么名声，去世，火化，成为一撮灰——我们是阔大的人世之河中波涛的神奇游戏的一部分。是我们微小的好奇和笑容，使人河闪闪发光；是我们琐碎的交谈和轻微的啜泣，使整个社会呈现热闹景象。

我们所谓的失败，也属于大部分自然景物。大部分太阳光失落在太空中，树上极少的花蕾最后变成果实。不过，它是谁的财富，谁心里清楚。他的花销是不是浪费，不看艺术之神的账本，我们不能作出正确判断。同样，我们大部分人，除了彼此接触，互赠动力，也不做别的事情。为此，只要我们不责怪自己和别人，不焦躁不安，而是面带甜美笑容，唱着欢快的歌儿，坦然地在默默无闻的终结中获得解脱，在那毫无目的的生活中，就能恰当地实现人生目标。

天帝即使懊丧地创造了我，那也是我的荣耀。但我倘若在高人名士的督促下认为，我必须行善修德，必须做大事，那么，我只会制造惨痛失败。那是自找的，为此必须反思。不是每个人来到凡生都能为别人造福，所以不能造福也不必感到惭愧。未能成为传教士去"拯救"世界，如果你称狩猎虎豹和参加跑马赌博过日子是人生的失败，那么，比起"拯救"世界，这是刺激性极强的令人兴奋的"失败"。

野草没有全变成水稻。地球上野草比比皆是，相比之下水稻很少。但愿野草不为自己正常的不结稻穗而号啕大哭。希望它想起，它以绿色遮盖了大地干燥的尘土，以永远惬意的清凉减弱了阳光的炽热。也许，在草族中，蒲草曾使出浑身解数，拼命想变成水稻；也许它不愿一直当渺小的野草，为了引起他人的注意，成就自己的人生，心中曾勃发激情，但最终仍未变成水稻。当然，它用锐利的目光时刻盯着他人，不遗余力做了怎样的努力，它心里一清二楚。总之，可以说，它这种极端妒忌他人的行为，不符合天帝的意愿。比起它来，默默无闻的、清丽的、温和的、不结稻穗的普通野草，更好一些。

简单地说，人分为两类。一类人占百分之九十三，另一类人占百分之七。"百分之九十三"是安分的，"百分之七"是不安分的。"百分之九十三"是多余的，"百分之七"是不可缺少的。空气中流动的可燃氧气数量很少，但安分稳定的氮气数量极大。假如出现相反的情形，世界就要烧成灰了。同样，在人世间，"百分之九十三"什么时候千方百计想变成不安分、不可缺少的"百分之七"，这世界就不太平了；那些命该永垂不朽的人，也得准备死了。

床前的残灯刚刚熄灭

我和晨鸟一道苏醒

—

我的人生轨迹

　　区区几个生辰是一座孤岛，一度浴着阳光，不久便沉入流年的海底，落潮的时候，有时望得见岛上的山巅，望得见珊瑚的红色轮廓维沙克月二十五日①泛舟生辰之川流，向死日飘浮而去。生死的微茫界线上，是哪个手艺人坐在移行的座位上，以参差不齐的罗宾德拉纳特·泰戈尔编着一个神奇的花环？

岁月乘车飞逝。徒步的旅人取出器皿，乞求些许解渴的净水。饮毕，落伍在黑暗中；车轮压破的器皿落在尘土里。他身后又来了一个旅人，用新杯舀饮新酿的酒浆，他与前者姓氏相同，却分明是另一个人。

我曾是个孩童。寥寥几个生辰的模具铸造的那个孩童的偶像，你们谁也不认识。熟稔他形体之真实的，俱已作古。他不复存在于现在的外壳和他人的记忆里。他与他小小的世界远去了。清风徐来，不闻他当年的嬉笑和啼哭的回声。尘埃中，我不曾发现他玩具的碎片。坐在昔年生活的窄小的窗前，他向外凝望。他的天地局限于有孔隙的宅院。他稚嫩的视线被花园高墙和一行行椰子树挡回。童话的甘汁调稠的黄昏，相信和怀疑之间并无太高的墙壁，遐思轻易地从这边飞到那边。朦朦胧胧的暮色里，暗影拥抱着物体，两者归属了同一种姓。

---

① 公历5月7日，泰戈尔的生日。

区区几个生辰是一座孤岛，一度浴着阳光，不久便沉入流年的海底，落潮的时候，有时望得见岛上的山巅，望得见珊瑚的红色轮廓。

此后的维沙克月二十五日出现于一个阶段之末的春晓红霞的淡雅里。少年这个游方僧，调试好年华的单弦琴，云游着呼喊着迷茫的心中的人儿，弹奏无可言传的感情狂想曲。

静听的吉祥女神的宝座摇晃起来，在一个忘却工作的日子，她遣差女使者下凡，在木棉花的色彩陶醉的荫径上款款而行。我倾听她们的柔声细语，似懂非懂；我瞧见她们黛黑的眼睫挂着泪花，微颤的朱唇沁出郁结的怅愁；我听见她们华贵的金银首饰发出热烈、焦灼、惶惑的呼声。维沙克月二十五日，黎明从沉睡中苏醒，她们不让我知道，暗自留下新绽的白素馨串连的花环，幽香迷醉了我的晓梦。

少年时代生辰的世界与神话的疆域毗邻，充斥着颖悟与无知引发的狐疑。那里，光临的公主披着柔润的乱发，时而困睡，时而因点金棒的碰触骤然苏醒。

光阴荏苒，春光明媚、姹紫嫣红的维沙克月二十五日的墙垣坍塌了。那绿草如茵的小径——昔日，素馨花叶摇影移，风儿低声细语，杜鹃相思的哀鸣中正午凄清苍凉，花香的无形诱惑下，蜜蜂嗡嘤翩飞——如今延伸着成了通衢大道。当初少年练习的单弦琴，系上了一条条新弦。

以后，维沙克月二十五日召唤我沿着坎坷的道路，行至波涛轰响的人海边。适合、不适合的时刻，我将乐音织成的网撒向人海，有的心灵甘愿投网，有的从破网中逃遁。

有的日子疲惫不堪，沮丧闯入开拓之中，诗思被沉重的苦恼压弯。疏懒的下午，独辟的蹊径上，时常出人意料地驾临天国的乐师。他们使我的服务臻于完美，为倦乏的探求送来满斟琼浆的金杯，以笑声的豪放爽朗制服忧惧，以灰烬覆盖的焦炭重新点燃胆略的火焰，把天籁揉入探索中的表达方式，点燃我熄灭了的路灯，使松弛的弦索再奏新曲，亲手给维沙克月二十五日戴上热烈欢迎的花环——他们的点金石的点触至今留在我的歌声我的诗章里。

然而生活的战场雷声隆隆，处处进行着殊死的搏斗。我有时只得放下诗琴，举起号角，头顶正午的炎炎烈日四处奔走，经受交替的胜利和失败。脚掌扎满蒺藜，受伤的胸膛血流如注。狂暴凶猛的恶浪冲击我人生的船舷，企图将我生活的用品沉入诽谤的泥海。我领略了憎恨、嫉妒、刺耳的喧嚣，也领略了情爱、友谊、悦耳的歌声，通过滚动的热泪和嗟叹，我人生的星球进入了轨道。

历尽曲折、艰辛、冲突，已届暮年的维沙克月二十五日，你们簇拥在我身边，可是你们是否知道，我作品表现的许多内容是不完整的、零乱的、被忽略的？内外的是非曲直、清晰模糊、荣誉恶名、成功挫折……糅合着塑造成的我的形象，今日在你们的敬慕、爱戴、宽和中栩栩呈现。我欣然承认你们奉献的花环是我生辰的最后的容貌。同时，我为你们祝福。临行的时候，愿此心灵的形象长存你们心间，而不因遗留在时代之手而感到骄傲。

而后，人生的光影织成的一切履历的尽头，让我怡然歇息。那无名的幽寂的去处，让各种乐器的各种曲调汇成深沉的"终极"的交响曲。

第三章

歌是我的云使

画面和音乐是文学的两大要素

画面给情感以形态，音乐给情感以活力。画面是躯体，音乐是生命外部世界进入我们的心中，变为另一个世界，其间，并非只有外部世界的色彩、形态和音响等元素，我们的好恶，我们的恐惧惊讶，我们的苦乐，也与它交织在一起。它融合我们的丰富感情，以各种方式展现出来。

我们用情感的各种甘汁、各种色彩、各种模具，把进入心中的外部世界重新塑造得多姿多彩。

有什么办法能把以情感的材料塑造的心灵世界展现出来呢？

文学为做好自己的事，应借助修饰、形象、韵律、含蓄和暗示。像哲学和科学那样毫无修饰，是不行的。

以有形表现无形，作品中应有"只可意会不可言传之美"。如同女人拥有柔美和羞涩，文学应有不可言传的蕴藉。它是不可模仿的。它超越修饰，是不能以修饰遮掩的。

为了使语言拥有超越语言的成分，文学在语言中融进了两样东西：图画和音乐。

不能用话讲述的，就用画面来讲。在文学中，没有勾勒画面的界限。情感总想借助对比、比喻、象征，显露自己。

眼睛鸟儿似的飞翔张望。

这行诗里，诗人波尔罗摩达斯表达了什么呢？在叙述中，渴求的目光的急切，是怎样表现的呢？目光像鸟儿一样飞翔，在这样的画面中，表达的焦灼，一瞬间就凸现出来了。

另外，在韵律、词语和遣词造句方面，文学必须借助音乐。实在说不清楚的，可以用音乐来讲述。分析含义发现，看似非常简单的一句话，借助音乐，它可以变得意味深长。音乐可以使话语中的情感鲜活起来。

总之，画面和音乐，是文学的两大要素。画面给情感以形态，音乐给情感以活力。画面是躯体，音乐是生命。

千姿百态的人性，是捕捉不到的，也是无法束缚的。而文学却想把它从内心世界挖掘出来，加以展示。这是一件极为艰难的事情。因为，人性是不稳定的，也不是条理分明的。它有许多成分，许多层次。在它的外屋和内宅之间，自由行动，不是轻而易举的事情。此外，它的游戏，是如此细腻，如此不可思议，富于如此多的偶然性，赋予它完整的形态，让我们的心灵能够感受，是具有非凡才华的人，方能做成的事。毗耶娑①、蚁垤②和迦梨陀娑③等先人，就是能做这种事的天才。

把上述内容归结为一句话，那就是：文学的内容是人心和人性。

外在的自然和人性，在人的心中，时刻构成形态，时刻奏响乐音，用语言描写的那种形态、那种乐音，就是文学。

---

① 毗耶娑系印度史诗《摩诃婆罗多》的作者。
② 蚁垤系印度史诗《罗摩衍那》的作者。
③ 迦梨陀娑系印度古代诗人、剧作家，剧本《沙恭达罗》是其作品之一。

让个人情感成为
所有人的情感就是文学

　　生命的权力贯穿空间和时间，而情感的权力
贯穿心灵和时间

我们心中的情感有一种天然态势，即它想在不同的人心中感知自己。在自然界，为了扩展，为了生存，动物一刻不停地奋斗。一种生物依靠子孙繁衍，争抢比自己大许多倍的地盘，它的地盘越大，生活的权力就越多，它的生存就愈发真实。

人的情感也有这种企求。差别仅在于，生命的权力贯穿空间和时间，而情感的权力贯穿心灵和时间。

人的炽热愿望，从古至今，造成了多少暗示，多少语言，多少铭文，多少石雕，多少金属浇铸物品，多少皮革制品啊。在多少树皮上、叶片上、纸张上，用多少画笔、多少毛笔、多少钢笔、多少凿子，花费多少精力，从左到右，从右到左，从上到下，从一行到另一行，写了多少字啊。不是这样吗？凡是我想到的和感觉到的，都不会死灭；这一切，从一颗心到另一颗心，从一个时代到另一个时代，思考着，感知着，向前流动。我的房屋，我的家具，我的身心，我苦乐的元素，全将湮灭。只有我思考过的，我感知过的，依附于人的思想和人的智力，活在生灵的世界。

希求在人心中万世不朽的东西，一般来说，与我们的短时需求和拼争，有着巨大差别。

所谓热销的文学作品，可以满足一时的需求。但恰恰是不满足需求的文学作品，很可能具有更长的永恒性。

有些知识，一经宣传，达到目的，使命就结束了。在知识领域，人们的新发明，不断取代旧的发明。昨天对于学者来说还是无法理解的东西，今天对未成年的孩子来说，已不是新鲜的东西了。身着新装促发革命的真理，身着旧服就再也勾不起人们的一丝新奇感。

然而，心中的情感不会一经宣传就变得陈旧。

一次弄懂了的知识，用不着再去弄懂它。火是热的，太阳是圆的，水是液体，明白一次就够了。谁要是把它当作新的教学内容，再来教我们，我们就难以耐着性子听下去。但一次次体味情感，不会感到疲倦。太阳在东边升起，这句话吸引不了我们的心。但红日东升的美景和播布的欢愉，自创造生灵的第一天起至今日，在我们的心中从未黯淡。甚至这样的感受，越是古远，贯透的一代代人越多，它就越有深度，就越容易使我们感动。

所以，谁如果想让自己的某样东西，使别人感到新鲜，感到灿烂，从而永久存在，那他的首选应该是情感。而文学的主要支柱，不是知识，而是情感。

知识这东西，可以从一种语言向另一种语言转移。把知识从原作取出，置放在另一种语言的文章中，往往增光添彩。不同的人用不同的语言和不同的方法，宣传相同的内容，完全可以达到预期的效果。

但这绝对不适用于情感。情感不可能脱离自己的载体。

知识必须论证，可情感应当鲜活。为此，需要各种各样的象征暗示，需要各种各样的技巧手法。光解释不行，必须进行创造。

所谓作品，同时包括情感和情感表现方法。特别是情感表现方法，属于作家个人。

谈及池塘，脑子里立刻同时浮现挖的大坑和大坑里的水。可什么是它的成就呢？水不是人造的，水是天生的。为了让老百姓享用水，发明长期保存水的方法，则是人的成就。情感是芸芸众生的，但择选特殊的体裁，把它变为所有人快乐的元素的方法和作品，是作家的功劳。

由此可见，培植富于个性的情感，让个人情感成为所有人的情感，就是文学，就是艺术；把民众的东西以特殊方式转变为自己的东西，再以特殊方式把自己的东西转变为民众的东西，就是文学创作过程。

美

　　暮空中萦绕着我内心的祈祷：愿我以纯洁的
目光瞻仰这美的伟大形象，不以享乐思想去黯淡
去贬低世界的美，要学会以虔诚使之愈加真切和
神圣

夕阳坠入地平线，西天燃烧着鲜红的霞光，一片宁静轻轻落在梵学书院娑罗树的枝梢上，晚风的吹拂也便弛缓起来。一种博大的美悄然充溢我的心头。对我来说，此时此刻已失落其界限，今日的黄昏延伸着，延伸着，融入无数时代前的邈远的一个黄昏。在印度历史上，那时确实存在隐士的修道院，每日喷薄而出的旭日，唤醒一座座净修林中的鸟啼和《娑摩吠陀》的颂歌。白日流逝，晚霞鲜艳的恬静的黄昏，召唤终年为祭火提供酥油的牛群，从芳草萋萋的河滨和山麓归返牛棚。印度那纯朴的生活，肃穆修行的时光，在今日静谧的暮天清晰地映现。

我忽然想起，我们的雅利安族祖先，一天也不曾忽视一望无际的恒河平原上日出和日落的壮丽景象。他们从未冷漠地送别晨夕和晚祷。每位瑜伽行者和每家的主人，都在心中热烈欢迎迷人的景色，他们把自然之美迎进了祭神的庙宇，以虔诚的目光展望美中涌溢的欢乐。他们抑制着激动，稳定着心绪，将朝霞和暮色融入他们无限的遐想。我认为，他们在河流的交汇处，在海滩，在山峰上欣赏自然美景的地方，不曾营造自己享受的乐园；在他们开辟的圣地和留下的名胜古迹中，人与神浑然一体。

暮空中萦绕着我内心的祈祷：愿我以纯洁的目光瞻仰这美的伟大形象，不以享乐思想去黯淡去贬低世界的美，要学会以虔诚使之愈加真切和神圣。换句话说，要弃绝占有它的妄想，心中油然萌发为它献身的决心。

我又觉得，认识真实的美，美的崇伟，不是件容易的事情。我们摈弃许多东西，把厌烦的许多东西推得远远的，对许多矛盾视而不见，在合乎心意的狭小范围内，把美当作时髦的奢侈品。我们妄图让世界艺术女神沦为女婢，羞辱她，失去了她，同时也丧失了我们的福祉。

撇开人的好恶去观察，世界本性并不复杂，很容易窥见其中的美和神灵。将察看局部发现的矛盾和形变，掺入整体之中，就不难看到一种恢宏的和谐。

然而，我们不能像对待自然那样对待人。周围的每个人离我们太近，我们以特别挑剔的目光夸大地看待他的小疵。他短时的微不足道的缺点，在我们的感情中往往变成非常严重的过错。贪欲、愤怒、恐惧、忧愁妨碍我们全面地看人，而让我们在他人的小毛病中摇摆不定。所以我们很容易在寥廓的暮空发现美，而在俗人的世界却不容易发现。

今日黄昏，不费一点力气，我们见到了宇宙的美妙形象。宇宙的拥有者亲手把完整的美捧到我们的眼前。如果我们仔细剖析，进入它的内部，扑面而来的是数不清的奇迹。此刻，无垠的暮空的繁星间飞驰着火焰的风暴，若容我们目睹其一部分，必定目瞪口呆。用显微镜观察我们前面那株姿态优美的斜倚星空的大树，我们能看清许多脉络，许多虬曲，树皮的层层褶皱，枝丫的某些部位干枯，腐烂，成了虫豸的巢穴。站在暮空俯瞰人世，映入眼帘的一切，都有不完美和不正常之处。然而，不扬弃一切，广收博纳，卑微的，受挫的，变态的，全部拥抱着，世界坦荡地展示自己的美。整体即美，美不是荆棘包围的窄圈里的东西，造物主能在静寂的夜空毫不费力地向世人昭示。

强大的自然力的游戏惊心动魄，可我们在暮空却看到它是那样宁静，那样绚丽。同样，伟人一生经受的巨大痛苦，在我们眼里也是美好的，高尚的。我们在完满的真实中看到的痛苦，其实不是痛苦，而是欢乐。

我曾说过，认识美需要克制和艰苦的探索，空虚的欲望宣扬的美，是海市蜃楼。

当我们完美地认识真理时，我们才真正地懂得美。完美地认识了真理，人的目光才纯净，心灵才圣洁，才能不受阻挠地看见世界各地蕴藏的欢乐。

美把我们引向文雅引向克制

人心抵达世界的任何一个码头，就在那儿用语言奋力修建一个永久的圣地美渐渐把我们引向文雅，引向克制。克制能深化我们美的享受。只有对丈夫感情专一的贞女，才能感知爱的真美。移情别恋的妻子是体会不到的。贞操，是心稳气定的克制，依凭克制，可以获得爱情深处幽秘的趣味。

你要实现你的愿望，就应把愿望置于控制之中。你要享受美，就应抑制享乐的欲念，保持纯洁，心情平和。正确地培养美感，必须进行苦修。

事实上，具有艺术才华的名人文豪，注意修身养性，不为所欲为，有自制力，才是名副其实的名人文豪。只有极少数人，意志极为坚强，能够百分之百地践行道德标准。稍稍偏离道德规范，往往在所难免。因为，我们大家正从卑微走向完美，尚未臻于完美。

完整的美感向哪个方向延伸呢？

不懂绘画艺术的人，看到画布上抹的颜色和乱七八糟的草图，惊喜不已。他不把画放在更大范围内加以审视。他缺乏驾驭感官的高层次的辨析智力。

但有鉴赏力的人，不会看到画布上浓艳的色彩就动容。他寻找画面上的重点与次要、中央与四周、前面与后面的协调。色彩吸引视线，可观察协调要用心思。以深邃的目光审视，得到的快乐就更淳厚。

所以那些艺术高手，不注重低级的外在华丽。他们的创作中似有冷峻的韵致。他们创作的古典乐曲，没有装饰性乐音。猛一看作品表面的浅易，缺乏审美眼光的人，就想把它抛在一边。然而，它纯洁的平易中深厚的蕴藏，给别具慧眼的行家的心以巨大快乐。

宽容是美，爱情是美，堪与百瓣莲花和圆月相媲美。与百瓣莲花和圆月一样，它在自身和四周的环境中，具有一种没有对抗的和谐。它与万物相得益彰。

美是高于需求的。所以我们称它为财富。所以它使我们摆脱追逐利益的精神缺失，在大爱中获得解脱。

印度的典籍云，宽容是强者的服饰。不过，不是人人能够体会到显示宽容中的强大之美的。相反，一般愚蒙的人，看到强悍的霸道，就对强者肃然起敬。羞涩是女性的服饰。不过，比起华服之美，谁更多地看到羞颜之美呢？只有不是狭隘地观赏美的人。当狭小的展现的波浪，在广远的展现之中平静下来时，观看博大的美，必须站在高处远望。想这样审美，人需要接受教育，需要肃穆，需要内心的宁静。

目睹了美和善相融的人，任何时候不会把美与骄奢淫逸联系在一起。他的生活用品是简朴的，这并非因为他缺少审美情趣，而恰恰说明他拥有较多的审美情趣。

接着谈谈美感之路通往何方。

对本真的恰切理解就是快乐，它的至高形式就是美。

人类所有的文学、音乐和美术自觉或不自觉地朝这个方面前进。人们在诗歌、绘画和其他艺术中，照亮了真实。诗人把以前没有映入我们的眼帘、对我们来说是不真实的东西，呈现在我们眼前，扩大了我们真实王国和快乐王国的疆界。

一位现代诗人说：Truth is beauty,beauty is truth（真实即美，美即真实）。从我们脚底下的尘埃到天上的星星，一切都是 truth，一切都是 beauty。

我们只用肉眼观察真实时，不以聪慧把它擒获。但我们用心擒获了真实，就可在文学中表现它了。文学中间有一部分是创造。心灵依凭自己的财富，用语言、声音或色彩，把发现的惊喜，发现的欢乐，记录下来。这中间有创作技巧。这就是文学，这就是音乐，这就是绘画。

人心抵达世界的任何一个码头，就在那儿用语言奋力修建一个永久的圣地。如此这般，把世界之滨的所有地方，改造得可让人生之路上的旅人的心栖息和过往。人类在水域、陆地、天空，在秋季、春季、雨季，在宗教、世事、历史上，刻下隽永的印记，时刻呼唤人心追寻本真的优美形象。一个个国家，一个个时代，这样的印记，这样的呼唤，不断扩展。世界各地，人类假如不用文学镌刻这些印记，世界在我们的眼前将是多么狭小，只怕是我们难以想象的。如今我们看到的听到的世界，衍化为我们广袤的内心世界，主要原因，是人类的文学以心灵发现的标志，布满了大千世界。

那时黎明仍眼含困意
风中仍残存露水
地面上的薄雾中飘散着嫩草淡淡的清香

———

史诗的形成

人类聚集的博大心灵，受内心隐秘而不可抗拒的规律制约，不断地展现自身，奇妙的心灵创造，遍布整个世界，拥有繁多的姿态，繁多的趣味，繁多的演变我在《乡村文学》中说过，在全国普通群众中间，最初一些情感，化为零星的诗句，聚集着四处游逛。之后，一个诗人用一条长诗之线，把那些零星的诗句串联起来，形成一部巨著。

初本《罗摩衍那》中，找不到有关罗摩和悉多①的许多故事。在农民的院子里，这些故事由农村的歌手和说书人，以不规范的格律和乡村语言，口口相传了一个个时代。某一天，不是在村舍农院，一位宫廷诗人应邀在盛大的宴会上唱歌的时候，提炼了那些乡村诗句，以华丽的韵律，精准的语言，把它变为高雅的鸿篇巨制。变陈旧为新颖，将零星铸成整体，醒目地昭示，全体国民从中清晰地看到自己放大了的心，无比欣喜，在人生旅程中仿佛跨进了一个新阶段。

印度的《罗摩衍那》和《摩诃婆罗多》②，尤其是《摩诃婆罗多》就是这样产生的。

在漫长的岁月中，一个国家以某个诗人的诗才为基础所创作的诗作，可以说是货真价实的史诗。

---

① 罗摩和悉多是印度史诗《罗摩衍那》中的两个主要人物。
② 《摩诃婆罗多》是另一部印度史诗。

我想把它和恒河、布拉马普特河①比较一下。首先，从各种幽秘的山洞里，水量不一的泉水流到一个地方，汇成一条大河。之后，在它的奔流之路上，又汇聚了各地的许多支流，在其间消失了初始的自我。

在《罗摩衍那》创作之前，有关罗摩传说的原始往世故事，在印度百姓中广为流传，可如今已经找不到了。不过，毫无疑问，其间《罗摩衍那》的原型故事，曾传遍全印度。在印度被认为神的伟人，肯定为人世福祉作出过不平凡的贡献。

加工整理民间传说，使之成为史诗的诗人，没有渲染征服非雅利安人的事件，而是凸现崇高品质的完美榜样。说作品是他一个人这样完成的，恐怕不正确。对应受膜拜的罗摩的缅怀，跟随不断变化的时代和环境，渐渐把他值得膜拜的观点，变为群众对他的虔诚情结。诗人不过依凭自己的才华，在一本书中，将罗摩集中而清晰地展现出来，于是，群众的虔诚才有实际意义。

但是，最初诗人笔下的《罗摩衍那》，并未

---

① 发源于我国西藏的雅鲁藏布江，流入印度境内之后，被称为布拉马普特拉河。

原地不动。

《罗摩衍那》的原创者，把罗摩作为以家庭生活为核心的印度教社会一切品行的化身，加以展示。蚁垤仙人[①]的笔下，罗摩作为儿子，作为兄弟，作为丈夫，作为朋友，作为梵教的维护者，最后作为国王，证明他是值得人们膜拜的。每走一步，都需要有牺牲、宽容和自我折磨，这一切在罗摩的品格中得到了体现，《罗摩衍那》于是成为印度教社会的史诗。

原创诗人创作《罗摩衍那》之时，罗摩的性格举止中有极世俗的成分，可依然被描写成人的楷模。

然而，一本书中的世俗成分，是不可能封存的，它慢慢变质了。罗摩渐渐得到了神的称号。

被称为神的罗摩，无所不能，做成了许多匪夷所思的难事。可为了他圣洁的品德，这种描写已远远不够。从情感的角度分析，神的性格更受到人的青睐，于是诗作中的情感日趋炽烈。

---

① 蚁垤仙人被认为是《罗摩衍那》的作者。

这种情感，就是虔诚和博爱。

这样一股虔诚的潮流，一度在印度群众中兴起。文学作品以各种方式宣扬，天神不光是婆罗门、刹帝利、尊者、智者的，也是社会底层的人的。这样的观念，在格利地巴斯的《罗摩衍那》中也有所体现。

我探究《罗摩衍那》，意欲说明，目前在人类文学中正在形成一种思潮的范围，是极其广阔的。乍看它来得突兀，就像人们觉得，杰特拉月①的阵雨，下得很突然一样。事实上，在持续的力量推动下，阵雨从遥远的西方涌来，有时行进特别顺利，有时则遇到阻力，最终湿润了我们的土地。思潮也是这样涌来的。出于大大小小的原因，它有时化整为零，有时又聚为整体，姿态变幻着扩散。人类聚集的博大心灵，受内心隐秘而不可抗拒的规律制约，不断地展现自身，奇妙的心灵创造，遍布整个世界，拥有繁多的姿态，繁多的趣味，繁多的演变。

① 印历12月，公历3月至4月。

我不知道我为什么想起和风吹拂的三月天

暮色渐暗

牛群返回牛棚

清寂的牧场上日光灰暗

村民们在河岸上等待摆渡

我不知道我为什么缓步回去

《沙恭达罗》中有人间和天堂

自然景色有时在沙恭达罗的青春游戏中奉献
自己的旖旎，有时在吉祥的祝福中融入吉利的飒
飒声，有时在自己哑默的道别中，把哀叹掺入离
愁别绪，有时依凭神咒的力量，在沙恭达罗的品
行中，时刻闪射圣洁和柔情的光芒

欧洲的诗坛大师歌德说："谁想同时看到青春韶华的花朵和成熟年龄的果实，同时看到人间和天堂，那在《沙恭达罗》①中，他的心愿可以得到满足。"他这句话，像一根灯芯的火苗，是细小的，但却以灯光一瞬间照亮了整部作品《沙恭达罗》。

迦利陀娑毫不费劲地让人间和天堂重逢了。他不动声色地让花朵转变成果实，让人间的界限隐逝在天堂中间，竟未让人察觉到两者的差异。

第一幕，沙恭达罗的越规中，诗人丝毫没有掩饰人间的瑕疵。诗人通过沙恭达罗和国王豆扇陀②两人的言行举止，清晰地展示了人间欲望的影响是多么深远。诗人展现了春情勃发时的神情和激情洋溢的举动，以及极度羞涩与自我表露的急切之间的矛盾。

迦利陀娑让在道院里长大的春情初萌的沙恭达罗，在无忧的天性之路上前行，一直走到终点，一步也没有阻拦。另一方面，又把她塑

---

① 《沙恭达罗》是印度古代大诗人迦利陀娑创作的一个剧本。

② 沙恭达罗和国王豆扇陀是《沙恭达罗》的两个主要人物。

造成为有自制力的、能吃苦的、循规蹈矩的贞妇的榜样。

在净修林这种地方，天性和修行，美和克制，同存共处。那儿，没有社会的人为法规，只有宗教的严格规定。所谓男女两方自愿结合的结婚方式"坎达波"，既有人性的奔放，也有社会的约束。

沙恭达罗和同龄女友一起长大。在彼此热爱，彼此模仿，交流感情，欢笑取笑，窃窃私语中，她们的身心正常发育。沙恭达罗的春情刚刚孕育，好奇的女友不曾让她沉湎于春情之中。她学会了害羞。可这些是外在的东西。她的淳朴是深藏的，她的圣洁是内在的。

沙恭达罗是净修林的一部分。她与周遭的景物融为一体。她温柔的性格，与树木的绿荫和玛陀毗青藤的花叶一起显现，一起扩展，与鸟禽有着密切的真诚友情。

沙恭达罗的芳心之藤，以温柔亲切的缠绕，使有生命和无生命的一切，显得那么美好。她为净修林里的树木浇水的同时，也倾注了她的友情。她以含情的目光，摄取鲜花初绽、生意盎然的森林里的月光，储存在温柔的芳心里。

《沙恭达罗》的帷幕拉开，就响起劝阻手持弓箭的豆扇陀国王的凄凉声音："喂，喂，国王呀！净修林里的麋鹿不许射杀，不许射杀。"这是奏响整个剧本的基调。这种劝阻以爱怜之纱遮盖了净修林里的梅花鹿的同时，也遮盖了沙恭达罗。

这些话也是为沙恭达罗说的。国王豆扇陀对她射的爱矢异常锋利，他谈情说爱既老练又冷酷。而在修道院里长大的不谙世事的少女的纯朴，充盈太多的稚拙和善意。

在第一幕的末尾，当沙恭达罗和豆扇陀的爱恋渐渐浓烈起来时，幕后突然响起含愁带忧的呼唤："喂，喂，各位修道者，提高警惕，保护净修林里的生灵，狩猎麋鹿的国王豆扇陀已经临近！"

这是净修林的哭泣。沙恭达罗也是净修林里生灵中的一员，可是谁也保护不了她。

临走时，沙恭达罗对干婆说："父亲啊，茅屋旁边慢吞吞踱步的怀孕的母鹿，哪天顺利地生下小鹿，请派个人向我报喜。"

干婆说："这件事我不会忘记的。"

沙恭达罗与树木藤蔓飞禽走兽难舍难分，流着泪离开了净修林。

迦利陀娑在他的剧本中以悔恨之心的泪水浇灭了狂野欲望的烈火。但他没有过分地探讨病态。他暗示了那种病态，随即又把它遮盖起来了。人世间类似的地方，难免发生的事，迦利陀娑通过杜尔巴沙①的诅咒让它发生了。

第五幕一开始，介绍国王喜新厌旧。诗人极为艺术地展示，在杜尔巴沙诅咒下发生的故事的种子，在国王的秉性之中。

我们在宫廷生活中看到，这儿人心异常冷硬，爱情极其复杂，团圆之路是不平坦的。诗人以各种暗示，让我们在心理上作好准备。

之后，好像五雷轰顶，沙恭达罗遭到了拒绝。净修林里的这位挤奶女，像一支被她信任的人射来的箭射伤的雌鹿，惊愕、恐惧、痛楚、迷茫地呆望着豆扇陀。

之后，沙恭达罗四周是多么沉闷的死寂和孤独！以心中的柔情使四周的万物成为自己亲人的沙恭达罗，如今孑然一身！沙恭达罗只能以自己

---

① 杜尔巴沙是云游仙人，沙恭达罗思念离去的豆扇陀，怠慢了他，杜尔巴沙就诅咒她怀念的国王将忘记她。

一个人圣洁的痛苦充填无边空虚。

与此同时，豆扇陀受到懊悔之火的烤灼。这懊悔是一种苦修。随手拿一样东西的获得，不是真获得。获得不是那么容易的事儿。在骤然刮起的青春的疯狂的风暴中，一瞬间抓住飘荡的沙恭达罗，这不是完整地将她获得。获得的最好方式，是执着追索，是苦修。轻而易举地获得的，也会轻而易举地丧失。冲动之拳抓到的东西，一松劲儿，就脱手了。所以，诗人为了让豆扇陀和沙恭达罗深思熟虑地、货真价实地获得对方，安排他们进行长久的、难以忍受的苦修。

迦利陀娑在人心中让自己的火焰焚烧自己的罪恶，而不是从外面用灰把它掩盖起来。他以火烧尽丑恶，结束了这个剧本。

剧本的序幕中，我们在洁白无瑕的美的世界里看见沙恭达罗。她怀着纯洁的快乐，与亲人、女友、树木、藤蔓、麋鹿和睦相处。"罪恶"悄然潜入这个天堂。天堂之美，像害虫啮咬的花朵一样凋谢了。接踵而来的是羞耻、惶惑、悲伤、分离和悔恨。最终，在更纯正更高贵的天堂里，满眼是宽容、真情和安宁。《沙恭达罗》既可称为《失乐园》，又可称为《复乐园》。

第一个天堂是纤弱的，不设防的。它是美的，完整的，但像荷叶上的露珠，即将滴落。"罪恶"像疯象冲进来，撞破荷叶之栅，狂叫，撒野，折磨所有的心灵。原生的天堂，就这样很容易遭到破坏，剩下的是求索的天堂。依凭悔恨，依凭修行，当那个天堂获胜时，就没有愁苦了。那个天堂是永恒的。

剧本《沙恭达罗》从头到尾充满宁静、美和节制。若不这么做，就是一部失败之作。假如对人世的模仿，纹丝不差，那对诗歌女神是严厉打击。诗人迦利陀娑娴熟的怜悯之笔，是绝对不会那么做的。

诗人让净修林的自然景色也时时参与心理活动。自然景色有时在沙恭达罗的青春游戏中奉献自己的嬉旎，有时在吉祥的祝福中融入吉利的飒飒声，有时在自己哑默的道别中，把哀叹掺入离愁别绪，有时依凭神咒的力量，在沙恭达罗的品行中，时刻闪射圣洁和柔情的光芒。

相信爱吧
即使它给你带来悲痛
千万别关闭你的心扉

《罗摩衍那》是家庭史诗

一个个世纪荏苒，但在印度，《罗摩衍那》《摩诃婆罗多》之河，从未干涸未将《罗摩衍那》《摩诃婆罗多》与其他诗歌进行比较，确定其类别时，它们名叫"历史"。近日，在外国文学宝库里，经过一番鉴定，它们被命名为"epic"。"epic"译成孟加拉语是史诗。于是我们称《罗摩衍那》《摩诃婆罗多》为史诗。

诗大致可分为两类。有的诗是诗人个人的作品，有的则是庞大人群的杰作。

所谓个人的作品，并不意味着别人无法读懂。难以理解的诗，只能称作疯话。实际上，诗人依凭自己的才华，施展想象力，通过抒写他们的悲欢和生活体验，反映人类永久的激情和人生真谛。

除了他们，另一类诗人通过自己的作品，袒露情怀，阐述经验，展现一个国家或一个时代，从而使他的作品成为人类的永恒财富。

第二类诗人可称为大诗人。整个国家、整个民族的文艺女神可以信赖他们。他们的作品不应被认为是某个人的作品。它像一棵参天大树，生于国家的大地之腹，为国家提供遮阳的绿荫。《罗摩衍那》《摩诃婆罗多》像恒河、喜马拉雅山那样永久长存，蚁蛭仙人、广博仙人不过是作者群的代表。

事实上，广博仙人、蚁蛭仙人并非某人的姓

名，而是为满足读者的欣赏需要而起的名字。容纳幅员辽阔的印度的这两部鸿篇巨制，其实已失落参与创作的众多诗人的名字，诗人远远地隐藏在史诗后面无人知晓的僻静处。

一个个世纪荏苒，但在印度，《罗摩衍那》《摩诃婆罗多》之河，从未干涸。村村寨寨，家家户户，每天诵读史诗；从普通的杂货店到富丽堂皇的王宫，史诗受到同样的欢迎。荣誉属于两位仙人。岁月的辽阔原野上，参与创作的佚名者的心声，至今以千百种方式，往亿万男女的门口送来力量和安恬，携来一个个古老世纪的淤泥，至今时刻肥沃着印度的心田。

《罗摩衍那》《摩诃婆罗多》是印度世代的历史。其他历史随岁月而变动，但这两部历史书万古不变。印度的探索、追求和信念的历史，端坐在两座宏伟诗殿里永恒的御座上。

印度在《罗摩衍那》中诉说了什么，承认哪种理想是崇高的，目前，这需要我们谦卑地加以探讨。

一般人的观念里，"epic"是英雄史诗，因为在英雄威震四方的时代和国家，"epic"必然以英雄业绩为中心题材。《罗摩衍那》也有战争描写，罗摩的神力也无与伦比，但《罗摩衍那》最鲜明的主题，不是英雄精神；字里行间不曾宣扬武力光荣，战例并非史诗的主要情节。

这部史诗没有描写大神的转世下凡。诗人蚁垤仙人的眼里，罗摩不是神的化身，而是普通人。学者将提供这方面的佐证。我只想简单地说，史诗中诗人如果不描写人性，而描写神性，《罗摩衍那》将沦为一部平庸之作，诗句不可能广为流传。罗摩的品德之所以高尚，就在于他是人。

着手创作首篇，蚁垤仙人设计了史诗的男主人公，他摆了男主人公的许多优点，问隐士那罗陀："天神可曾下凡化身为这样的男子？"那罗陀回答说："神仙中我从未见过如此高贵的男子。你听着，人间的月族人有你讲的这种品德。"《罗摩衍那》叙述的是月族而不是神仙的故事。

树立凡人的光辉榜样，是印度诗人创作史诗的动机，从古到今，印度读者以极大的兴趣诵读有关凡人的楷模的章节。

《罗摩衍那》的主要特点，是展示放大了的家庭本质。父子、兄弟和夫妻之间的宗教关系、亲情关系、相敬如宾的关系，表现得如此圣洁，使作品轻而易举地成为不朽史诗。夺取王位，诛戮仇敌，强大的对立双方之间你死我活的斗争等场景描写，通常可组成史诗中跌宕起伏、引人入胜的情节。但《罗摩衍那》的高雅旨意并不体现于罗摩和罗婆那①之间的激烈战斗，战事不过是更加辉煌罗摩和悉多这对夫妻真情的手段。《罗摩衍那》昭示的，是儿子对父亲的恭顺，为兄弟作出的自我牺牲，夫妻之间的坚贞不渝，国王对平民所负的责任，可以达到怎样的高度。

史诗让人看到的，不仅有诗人也有印度的本来面目。研读这部史诗，可以懂得家庭和家庭责任，对于印度有多大分量。史诗表明，在古代印度，家庭占有很重要的位置，建立家庭谋求的主要是幸福，而不是便利。家庭支撑着整个社会，培养真正的人。家庭是印度雅利安社会的基础。《罗摩衍那》是家庭史诗。《罗摩衍那》让家庭陷入对抗，在被放逐森林的艰难中获得特殊的光荣。尽管在王妃吉迦伊和贴身宫女曼达罗的阴谋的沉重打击下，京城阿喻陀的王室破裂，但《罗摩衍那》宣告，家庭责任坚不可摧。《罗摩衍那》以辛酸的泪水为之洗礼的不是膂力，不是获胜的决心，不是治国的功业，而是充盈宁馨的琼浆的家庭责任，并把它置于豪迈的英雄气概之上。

---

① 《罗摩衍那》的主要人物之一。

有一位外国诗评家抱怨说，《罗摩衍那》中人物性格刻画太简单了。我要对他说，作品的种类很多，人物描写，在一种作品中显得简单，可在另一种作品中则是恰到好处。印度在《罗摩衍那》中并未见到过度的浅显。

千百年来已经证实，《罗摩衍那》的任何篇章，在印度心目中都不臃肿。印度的男女老少和各界群众，不仅从中得到教诲，也汲取欢乐；不仅把它顶在头上，也藏在心里；《罗摩衍那》不只是他们的教典，也是他们抒唱的诗歌。

我们面前，罗摩既是神又是人，《罗摩衍那》既使我们倾倒，又被我们供奉。假如这部巨著的诗美，在印度看来只是幽远的想象之国里的物件，进不了我们的家庭范围，那种情形就不会出现。

即使外国评论家采用其诗评尺度，称《罗摩衍那》是通俗读物，与他们国家的作品进行比较的过程中，印度的特点也照样显露出来。印度从《罗摩衍那》得到了想得到的东西。

从这样的角度审视《罗摩衍那》和《摩诃婆罗多》，可看到，和着它的"奥奴斯杜波"格律，几千年印度的心脏强劲地跳动着。

完美，是印度由衷的追求。印度不冷淡完美，不相信完美脱离现实。印度承认它是生动的真实，为此感到无比欣喜。《罗摩衍那》的诗人，唤起并满足了对完美的追求，永远买下了印度敬慕的心。

《罗摩衍那》的每一页记载着那些追求不朽完美的人的事迹，如果我们对《罗摩衍那》中描写的手足之情，对丈夫的忠贞，对父辈的尊重，对真理的热爱，表示淳朴的敬意，万分珍惜，那么，大海纯净的暖风就能找得到吹进我们心灵之窗的路径。

我的心
是只野鸟
在你眼里
窥见一隅新天

————————

团圆在神奇的美的世界

一个个人像一座座孤岛，中间是浩瀚的咸
的泪海

生活之河谐和着《云使》①的蒙达格朗塔韵律，从罗摩山到喜马拉雅山，在古代印度一片广袤的大地上流淌，后来，不光在雨季，一代又一代，我们被赶出了那片土地。

那儿的花园外有露兜树篱，一到雨季，麻雀、乌鸦、鸽子，忙着在村里的菩提树上筑巢。村子边上，果树林里的黑浆果熟了，果子黑得像乌云。景色秀丽的圣地达萨尔那如今在哪儿？阿般提城年迈的村民，为孩子们讲邬陀衍国王和巴索波笃达②里的故事，如今他们又在哪儿？还有斯波罗河畔的优禅尼城呢！毫无疑问，优禅尼城聚敛着大量财富，美景令人目不暇接。但有关的详细叙述，不曾扩充我们的记忆。我们只闻到一缕从高楼窗棂逸出的薰贵妇人的黑发的香气。漆黑的夜里，屋脊上的鸽子睡着了，我们在心里只能感受到那人口稠密的都市行人断绝的街道和无限扩展的酣眠；看到京城里入睡的楼宇的大门关闭，寂静的街上，黑暗中，芳心怦怦跳动，步履急促，幽会归来的女郎的朦胧影子，多么想把试金石上划出的金线般的一丝光亮，投射到她的足前啊。

---

① 《云使》是印度古代诗人迦梨陀娑创作的抒情长诗。
② 巴索波笃达是一部梵文作品。

古代印度那片土地上的河流、山脉、城镇的名字多美呀！阿般提城、毗地沙城、优禅尼城、文底耶山、盖拉莎山、提婆山、瓦列河、斯波罗河、贝德罗波迪河①……这些名字具有圣洁、高贵、优雅的气质。从那时起，时光渐渐变得卑贱了。《云使》的语言的使用，仿佛加快了心力的委顿和衰弱。当下，假如找到走进瓦列河、斯波罗河、尼尔宾达河畔的阿般提城、毗地沙城的路，我们定能摆脱眼下四周烦人的嘈杂声。

所以，如今读者的孤独的长叹，成了为药叉②传递口信的那片云彩的旅伴。诗人③笔下那个印度的村妇，眼里充满爱意，可尚未学会弄眉毛送秋波。可城里的女人善于舞弄柳眉，浓密睫毛下的黑眼眸闪射出一排蜜蜂般的漫长的好奇目光。我们从那儿被放逐了。除了诗人的云彩，现在我们不能派一位使者去那儿。

记得一位英国诗人这样写道：一个个人像一座座孤岛，中间是浩瀚的咸的泪海。我们从远处彼此打量，觉得我们一度好像生活在同一个洲。不知是受了谁的诅咒，分离的泪涛在我们中间翻

---

① 《云使》中的一些地名。
② 《云使》的主要人物。
③ 指迦利陀娑。

腾。从大海围绕的微小的今时，当我们远望诗中描述的往昔大地上的河岸，就觉得，我们和斯波罗河畔茉莉花丛中采花的姑娘，阿般提城里讲邬陀衍国王的故事的老人，看见雨季第一片乌云、怀想在路上行走的妻子、满腹离愁的外乡人，仿佛有感情上的联系。我们和他们中间，有着人性的密切关联，但被残酷的岁月隔开了。是诗人的才情，使悠远的一段时光，成为不朽的美的阿罗迦城。我们从分离的今时的凡世，往那儿派遣想象的云使。

然而，不光是往昔和今时之间，人与人之间，也有深不可测的分离之壑。我们期望与之团聚的人，住在心灵之湖的不可前往的湖边，没有凡躯抵达那儿的路，只能往那儿派遣想象。我在哪儿？你又在哪儿？中间的地带无边无际。谁能跨越？谁能见到在无边的中间地带中央的最亲近的永恒的人？如今只能在语言、情愫、暗示、隐喻、过错、谬误、光影、身心、生死交织的激流中，感觉到他的一丝气息。假如从你那儿一阵南风吹到我身边，在我那是齐天洪福。在这离愁弥漫的凡世，谁敢奢望获得更多！

毗湿奴教派诗人波勒拉摩达斯吟唱道：

两人在彼此的怀里想着离别默默流泪。

我们每个人独自伫立在凄清的山顶上，朝北方瞭望。中间是天空，云彩，美好世界的瓦列河、斯波罗河、阿般提城、优禅尼城，幸福和美的享受的富丽画面——其间有提醒，但不让人彼此接近；激起人的热望，但不予满足。两个人相距是那么遥远！

不过与此同时，我们也觉得，我们仿佛在某个时代住在一个心灵世界，之后从那儿走散了。所以毗湿奴教派诗人问道："是谁把你领出心灵的？"怎么会发生这种事？在我心灵王国中的人，此时为什么出来呢？那儿难道没有你的安身之地？波勒拉摩达斯又说："主啊，她是大力罗摩的，日日心神不定。"在涵盖万物的一个心灵中，融为一体的那些人，如今全从那儿出来了。所以，彼此见了，心情难以平静。他们饱受离别之苦，急于团圆，试图让两心合一，但中间横亘着宏大的世界。

冷寂的山顶上的离人啊，是谁向你许诺，在秋天的圆月之夜，你将和你梦中拥抱的人，托云使向其转达你口信的人，团圆在一个神奇的美的世界？你不理会生命和非生命之间的差别，说不定，真实和想象之间的差别，某一天也会消失哩。

春天一次次归来
圆月去后又来寻访
繁花年年返回
在枝头重展红颜
同样
向你告辞
是为重新回到你的身边

歌是我的云使

　　乍到的雨季挥舞浓云的纨纱，伫立在东方
地平线上

陪伴着她，却又像独居于贬谪之地。

这是同榻共枕的离愁，近在咫尺，彼此看不清面容。

成亲的日子，笛子吹出这样的话："走近我的丽人，离我十分遥远。"

它又预言："我抓住的是守护不住的，我获得的必将丧失。"

此后，笛子为何停止吹奏？

须知，那时的一半情景已被我忘却，只是朦朦胧胧觉得她仍在身边。为何总不觉得她已远去了呢？

我只看到爱情的一半——结合。爱情的另一半——离别，不曾进入我的眼帘，因而望不见远处永不满足的相会，也许是视线为近处关山隔断了的缘故。

伉俪之间隔着冥冥天宇，这里一切都是静穆的，没有人声鼎沸。空寂允许用笛音填补，但觅不到霭霭云天的罅隙，横笛无法吹响。

我俩之间的冥空上覆盖着漫漫风沙，充满每日的劳作、交谈，充满每日的思索、忧郁和咨詈。

二

夜里，月色凄迷，凉风习习。我清醒地独坐床榻，一阵痛楚涌上心头；我想起，我失去了身边的人。

如何排遣这离愁，我与她的无穷的离愁？

昔日傍晚，离开书案与之谈心的女性是谁呢？不错，她是人世间千千万万俗人中的一个，为我熟知，为我理解，但飘逝已久了。

然而，在她身躯的什么地方，可有只属于我的不朽生命？梦想的无边海滩，可以再次找到她么？

能在闲暇时分，野茉莉溢香的无事可做的暮色苍茫中，再度与她促膝长谈？

三

乍到的雨季挥舞浓云的纨纱，伫立在东方地
平线上。

我想起优禅尼城的诗人[①]，萌生了向远方情
人派遣云使的念头。

腾飞吧，我的歌，飞越我身旁耸峙的孤独！

它必须溯岁月之流而上，返回充盈竹笛苦楚
的我们结合的日子——那里交织着宇宙的永久雨
季和春天的气息，各式各样的啜泣，露兜树长长
的叹息，红木新枝激越的誓词。

把僻静池畔雨天椰子林的簌簌絮语，化为我
的心声，送入情人的耳中。她梳妆完毕，纱丽披
在腰间，正忙于家务。

---

① 指迦梨陀娑。

四

渺邈无极的晴空，今日头贴着林木苍郁的大地的前额，轻声说："我是你的。"

大地不胜惊异："这怎么可能，你那么高远，我这样低微。"

天空急忙解释："我四周环列着云的屏障。"

"你极其富有，拥有亿万星体。"大地依然自卑，"光，向来不是我的财富。"

天空喟叹着："我已丧失日月星辰，属于我的如今只有你了。"

大地试探起来："风吹来，我盈满泪水的心战栗不已，而你岿然不动。"

天空着急道："你不曾看见我的泪也蕴含悲哀，我的胸脯已变得碧绿，像你的心？"

说话间，天地的长久分离被清泪之歌弥合了。

五

　　新雨，携带天地喜结良缘的祝祷，降落在我的别绪之上。情人内心不可言传的思恋，像铮然作响的琴丝跳荡起来；森林边缘般的蓝色纱巾，蒙盖着她的发缝，她乌黑的眼眸遥望着湿漉漉跌宕的云曲，绕缠发髻的帕古尔花条分外夺目。

　　当竹林的幽暗在蟋蟀的聒鸣中瑟瑟发抖，烛苗在湿风中摇曳，熄灭，愿她走出平日寸步不离的仙阁，沿着含露碧草的清香弥漫的林径，跨入我清寂心灵的子夜。

形象源于韵律

人是创造者，进行创造，必须把人生阅历溶于世界的真实之中肢体的优美动作，丰富了身躯的职责，这不是出于谋生的需要，而是表现了创造的愿望，并给身躯以动态的艺术形象。我们称之为舞蹈。

　　形象源于韵律，一定的重量和一定的速度协合为韵律；没有韵律的神力，形象无从显露。世界创造的韵律之奥秘，深藏在人的艺术创造之中。

　　人首先在自己的身体上创造韵律，因为人体适宜于韵律创造。人奋力挣脱地球的吸引，腾向空中。从人走的每一步都可以察觉到不稳的平衡，其间有颠簸，也有收获。对他来说，跌倒比疾行容易得多。山羊生下来就会行走，但婴儿要花很长时间培养富于韵律的迈步的能力。前后，左右，一步一晃悠，艰难地保持着平衡，朝前走去。这绝非易事，看着幼儿摇摇晃晃地努力掌握步履的节奏，就能深刻地理解这一点。在发现步行的节奏之前，他只会爬行，也就是说他屈服于地球引力，无舞姿可言。

　　四脚动物终生爬行，它的行走是向地球投降的行走。它纵身跳起，片刻之后又回到大地的怀里，耷拉着脑袋。反叛的人，使沉甸甸的躯体冲出大地的统治，他的行走使他得以正常工作，进行生活中并非都需要的游戏。他依靠韵律的帮助，战胜地球引力。

韵律的缺损，是许多社会成为残废的根由，韵律的罪过造成许多社会的死亡。社会中某种音调骤然变得过于强烈，昏沉的社会行路便摇摇晃晃，偏离韵律。换句话说，繁杂的观点、信仰和习俗的包袱扛在肩上，呵护韵律的社会步履维艰，被压垮恐怕难以避免。运动是世界的特性，变化则是家庭的特点，它们的坐骑是韵律。没有韵律的运动是向地狱的下坠。

人富于韵律的身体不仅促进生命运动，也促进情感变化，这在其他动物中间是看不到的。其他动物体内也有情感的语言，但不像人的神态具有灵性，所以它既没有动力也没有隐喻。

人是创造者，进行创造，必须把人生阅历溶于世界的真实之中。人千方百计把体验过的悲欢怨恼带出幽深的心灵，熔铸为形象的要素。"我爱"，这句话可以用自己的语言说出来，表明一段人生经历。然而，更应让"我爱"这句话脱离"我"，用于艺术创造，这样的艺术创造属于人类和历史。例如，沙杰汉①的悲恸创造了泰姬陵，沙杰汉的创造凭借绝伦的韵律，超乎沙杰汉个人。

---

① 沙杰汉是印度莫卧儿王朝第五代皇帝，他按照其王后慕玛泰姬玛哈尔的遗愿，下令修建世界七大奇迹之一——泰姬陵。

舞蹈艺术的第一篇序言，是以肢体无意义的优美写就的，只包含韵律的欢乐。最原始的歌曲只有单调的节拍和乐音的重复；那不过是节拍的感染力的累积，给听觉以震撼。渐渐地，其间掺入了情绪的感染力。但是，当情感的宣泄忘却自身，换句话说，当倾吐感情不是目的，最高目标是形象创造时，舞蹈便可为大家欣赏。那舞蹈可能被人遗忘，但存在的日子里，舞蹈形象上必然打上永恒的印记。

我们看见白鹤翩翩起舞，它的舞蹈不是动作的同义词。我们在鹤的舞姿中能窥见情感和高于情感的东西。雄鹤决心打动爱侣的芳心，它的心灵会设法设计舞蹈语言和舞韵的奇特表现方式。白鹤的心灵能以翅翼创造舞蹈艺术，因为它的身躯是自由的。

狗的感情炽热，可惜身躯典押给了大地。激动不已时，尾巴有节奏地摇摆，就是它的舞蹈，身躯似烦躁不宁的囚徒。

人的自由之躯跳舞，人的自由的歌喉也跳舞，其间韵律的创造的奥秘拥有很大的地盘。蛇是无足动物，完全不同于有足的人。它委身于泥土，从不跳舞，诱它起舞的是耍蛇艺人。外部的激情使它身躯的一部分自由了片刻，摇摆颇有韵味。

可它的韵律是从别人那儿获得的，不是自己情绪的韵律。

早已泯灭了的众多文明的废墟中，被遗忘的时代的情绪的声音，仍在大量画作、陶器和塑像中回响。人的欢乐情绪是那韵律之戏中的舞王。各种语言的文学作品中，情绪随着新舞荡漾。

人的轻快步履中有隐形的舞姿，如同诗韵隐藏在散文语言中。我们说某人走路姿势优美，某人走路样子难看，差别在哪儿呢？差别在于如何解决驾驭体重的问题。人的体重太裸露，步态不优雅，说明未能妥当解决这个问题；解决得好，必定是优美的。

帆船行驶是优美的，船的重量和船的速度相得益彰，两者的和谐中诞生飘逸，具有韵律美，没有使蛮力的洋罪。水手划桨，船工撑篙，尽量以动作的协调减少劳累，姿势也很美。

无始无终的流光中，茫茫宇宙承载巨大的重量，以和谐的韵律运行。这和谐确保露珠乃至太阳都以圆的韵律构成，所以，花瓣、叶片和涟漪，或艳丽，或翠绿，或清澈地漾散。

动物的声音的传播范围并不太大，虽有强度，分量很轻。狗叫，狼嗥，传播时不会面临克服重量影响的问题。在某些场合，这种问题也曾显露端倪。我们无意不公正地对待毛驴。毛驴不仅驮一堆脏衣服，吃苦受累，由于自己的嗓音还背负沉重的恶名。当它拖长吭吭的叫声时，不得不一段段地分割重量。关注自己的洗衣房的生意，又说毛驴叫唤富于韵律，我们是很犹豫的。真不知如何评说它的叫声！

人应当掌握语言的长度，控制延续的语言的重量。当曲子与人的语句叠合，音乐艺术得以扩展，支撑它的是运用的各种节奏。但称节奏或格律是载体是不妥的，它不是扛麻袋的苦力。它把重量分布在各个音程，给予律动。富于形象的歌曲，能拨动我们的心弦。

我们以语言传递信息，确保文章的真实性是我们的唯一责任。但当我们展示形象，较之真实，更需要的是韵律。"从前，一只老虎喉咙里卡了一根刺。"这纯粹是信息。作为一个事件或一个故事，是无须分辨的。但想把喉咙里卡了刺的老虎的尾巴投映在心幕上，语言中应加添韵律的魔力。

有如闪电的长尾摇摆，
霹雳击穿乌云，落下滂沱大雨，
喉咙里卡刺儿的老虎，
疼痛难忍，翻滚怒吼。

　　诗歌文学不只是趣味文学，更是形象文学。
一般来说，语言的文字具有意义，但在韵律中却
附丽于形象。

青春一年年地消逝
春天的时光短暂
纤弱的花朵无谓地凋落
聪明的人提醒我
生命只是荷叶上的一颗露珠

散文诗的行进不是胡乱奔跑

它们蕴含着一种平淡的情思。似乎没有什么装饰，但有风姿，所以我认为它们是真正的诗的家族的一员最近我开始写散文诗了。期望这些作品马上就获得广大读者的欢迎，是不切实际的。不过，我不认为，此时此刻它不受到欢迎，就说明写作失败了。面对众说纷纭，诗人应当坚守自信。

数十年来，我潜心于诗歌创作。也许，我给了许多人快乐，可也许未能给其他的许多人任何快乐。不过，凭我多年积累的经验，我想简略地谈谈创作体会。我不奢望你们全盘接受我的看法。

目前诗坛上争论的是，借用散文的形式，诗能否保持自己的特质。长期以来，我们看到诗体的同时，获得审美快乐，散文诗与以前的诗体迥然不同。不光修饰上不一样，在本质上也有所变异。目前争论的焦点是，诗的特性是否依赖于韵辙的装饰。有人认为，完全依赖，可我认为，并非如此。脱去修饰的外衣，诗可以轻松地表现自己。在这方面，我想以切身体验举例阐述。你们都知道，我以查巴拉之子的诚实故事为题材写过一首诗。在《歌赞往世书》中，读到以朴素的散文语言写的这个故事，我毫不迟疑地认定它是真正的诗。诗歌评论家从外部观照，判定它仅是一个故事，不同意在诗苑给予它一席之地，理由是，它不是采用蒙达格朗塔韵律、奥努斯杜维、特里斯杜维等梵文韵律写成的。依我说，不是其他原因，正是因为未采用韵律，它才是佳作。假如在格律的束缚下写查巴拉之子的诚实故事，它必定是肤浅的。

在十七世纪，不知名的几位作家，用英语翻译了希腊语和希伯来语的《圣经》。应该承认，所罗门和大卫的赞歌，是真正的诗。翻译语言的惊人魅力，无疑在它们中间彰显了诗味和诗形。这些赞歌中，散文韵律的自由步伐，假如戴上诗文传统的锁链，那就糟糕透了。

我们不把在《夜柔吠陀》①中读到的韵律激昂的作品称为诗，而叫作经文。我们大家知道，经文的目的是通过声音把词义传送到人们的心底。经文不单有含义，而且有音响效果。我可以毫不犹豫地说，许多人在心里体悟到了散文式经文的功效，即使诵念停止，仍然余音袅袅。

我以前不经意间把《吉檀迦利》译成了英语散文。有一天许多著名英国文学家把我的译文当作他们文学的组成部分而欣然接受了，我觉得他们因英译本《吉檀迦利》对我所作的赞扬有点过分，不禁稍感汗颜。我是一个外国人，译文中没有韵脚或格律的任何痕迹。但是，当他们说从中品尝到了浓厚的诗味时，客观事实是不得不承认

_____

① 印度的一种古籍。

的。看来，给予我诗作以英语散文的形式，并无大碍。相反，假如译成英语诗，兴许就不受欢迎，遭到冷落。

记得我曾对萨登特罗纳德[1]说过："你是韵律之王，你试试看，以无韵之神力，使诗河冲决堤坝，向前奔流。"像萨登特罗纳德那样创造多种格律的诗人，在孟加拉寥若晨星。也许审美习惯在他的创作之路上设置了障碍，他没有接受我的建议。我在《随想集》中尝试着写了散文诗，当然没有像格律诗那样分行。《随想集》之后，很长时间没有再写散文诗。也许是没有勇气的缘故吧。

诗歌语言的分量和克制，被称为韵律。无须谨慎筛选词句的散文，昂首前行。所以，有关国家政策等日常事务的文章，可以用通俗易懂的散文撰写。但散文的诗化，必须进行艺术加工。它行进在诗的路径上之时所显示的一些技法，不是平常写散文所采用的。散文中间，不可能有大量意蕴和大量情韵酿造的令人陶醉的艺术感染力。它刚柔相济，自然而然形成自己的稳健风格。舞女跳舞，她装饰性的舞步是教就的。而款款而行

---

① 萨登特罗纳德·达多（1882 - 1922）系泰戈尔的忘年交，孟加拉语多种格律的创造者，被誉为韵律的魔术师。

的任何倩女的步子，遵从保持身体平衡的规律。这种简单行走的美的姿势所具有的不是教就的韵律，融化在血液中，融化在肢体中。散文诗的行进也是这样的，它迈着稳健的步子，而不是无规则地胡乱奔跑。

今天阅读《穆汗默迪》杂志，看到一位作者的文章中写道，他在他的一本散文中品尝到了泰戈尔写的散文诗的诗味。作者举例说，《最后的诗篇》中基本上也有一些诗味浸润的东西。果若如此，难道走出蒙帘的马车①，诗性就丧失了吗？这儿，我要提的一个问题是，我们难道没有读过表达了散文题意的一些诗吗？比如布朗宁②的诗。又比如，我们难道没有读到具有诗人某些想象的散文吗？我不认为散文和诗的关系是弟媳和大伯子的关系③。在我眼里，它们亲如兄弟姐妹。如果这样看待它们，我是不反对散文中的诗味和诗中散文的庄重这两者的自由交往的。

就不同的审美趣味进行争论，是毫无所获的。我只想说，我写的许多散文诗的内容，是不能用

---

① 这儿蒙帘的马车比喻格律诗。
② 布朗宁（1812－1889）系英国诗人。
③ 在泰戈尔所处的时代，弟媳和大伯子是不能随便说话的。

其他文学样式表达的。它们蕴含着一种平淡的情思。似乎没有什么装饰，但有风姿，所以我认为它们是真正的诗的家族的一员。

可能有人还会问，散文诗究竟是什么？我的回答是：它是什么，是什么样子，我不知道；可我知道，它的诗味，不是以论据可以证明的东西。凡是给予我不可言传的意味的，以散文或韵文的形式，都来吧，称它们为诗，接受他们，我不会迟疑。

笛音是永恒的音乐

那里笛音袅袅交换花环时，我看见此地的新
娘——戴着金项链，戴着金脚镯，立在泪海一朵
欢乐莲花上

笛音是永恒的音乐。它像湿婆蓬松乱发中飞落的恒河，在大地广袤的胸脯上奔腾不息；又如神王宫阙的仙童临世，用人世的尘粒做天国的游戏。

伫立路边聆听笛音，我竟不理解自己的心绪。我试图把我的迷茫与平素熟稔的苦乐加以糅合，但糅合不到一起。我发觉，它比常见的笑容明亮得多，比看惯的泪痕沉郁得多。

由此我推断，"已知"是不真切的，真切的是"未知"。我心里何以产生这种古怪念头，书籍里没有答案。

今天早晨，我忽然听见从迎亲人家传来的笛声。

结亲的喜乐与普通乐曲有什么相同之处？隐秘的不满，深深的失望，遭受欺压的愤恨，渺小欲望包藏的自私，龌龊乏味的唇枪舌剑，不容宽恕的狭隘的纷争，生活里习以为常的尘封的贫困——这一切的形迹，神奇的笛音中可以发现么？

鼓乐，撕破世俗生活上盖着的全部常用语汇的重幕。永世年少的一对新人那纯洁的目光交融，躲在绛红含羞的面纱之下，在乐音中才显露出来。那里笛音袅袅交换花环时，我看见此地的新娘——戴着金项链，戴着金脚镯，立在泪海一朵欢乐莲花上。

乐曲声中，绝对看不出她是寻常女性。这位面熟的黄花少女，以陌生人家的媳妇身份出现了。

竹笛说，这就是真实。

狂风在摇曳的竹枝间呼啸
一团团乌云在天空飞驰
好像战场上溃退的败兵

————

图书馆

人的声音飞越河流、山峦、海洋，抵达图书馆。
这声音是从亿万年的边缘传来的呵！来吧，这里
演奏着光的生辰之歌

谁如果锁住茫茫大海千百年的惊涛骇浪，使之像甜睡的婴儿一样悄无声息，那么，这静默的海浪可谓图书馆最贴切的比喻。图书馆里，语言是静寂的，流水是凝滞的，人类不朽的性灵之光，被乌黑字母的链子捆绑，投入纸页的大牢。无法预料它们什么时候突然举行暴动，打破死寂，焚毁字母的栅栏，冲到外面。好似喜马拉雅山头上覆盖的冰川中拘禁着滔滔洪水，图书馆里也仿佛围堵着人心的江河。

　　人用电线禁锢电流，可有谁知道人把"声音"关在"静默"里！有谁知道人把歌曲、心中的希冀、清醒的灵魂的欢呼、神奇的天籁包在纸里！有谁知道人把"昔日"囚禁于"今日"！有谁知道人仅用一本本书在深不可测的岁月的海面上架起了一座壮丽的桥梁！

　　进入图书馆，我们伫立在千百条道路的交叉点上。有的路通往无边的海洋，有的路通往延绵的山脉，有的路向幽深的心底伸展。不管你朝哪个方向奔跑，都不会遇到障碍。在这小小的地方，软禁着人的自我解放。

　　如同海螺里听得见海啸，你在图书馆听见哪种心脏的跳动？这里，生者与死者同居一室；这里，辩护与反驳形影不离，如孪生兄弟；这里，猜忌与坚信，探索与发现，身子挨着身子；这里，老寿星与短命人耐心而安宁地度日，谁也不歧视谁。

人的声音飞越河流、山峦、海洋，抵达图书馆。这声音是从亿万年的边缘传来的呵！来吧，这里演奏着光的生辰之歌。

最早发现天堂的伟人对聚集在四周的人说："你们全是天堂的儿子，你们身居仙境阆苑。"伟人洪亮的声音变成各种文字，袅袅飘过千年，在图书馆里回响。

我们在孟加拉的原野上难道没有什么需要表达的吗？我们不能为人类社会送去一则喜讯？在世界大合唱里，唯独孟加拉保持沉默？

我们脚边的沧海没有什么话对我们倾吐？我们的恒河不曾从喜马拉雅山携来盖拉莎的仙曲？我们头上没有无垠的蓝天？天幕上繁星书写的无穷岁月的灿烂文字被人抹掉了？

过去，现在，国内，国外，每天给我们送来人类各民族的许多信函。我们只能在两三份蹩脚的英文报纸上发表文章作为答复？其他国家在无限时空的背景上镌刻自己的名字，孟加拉人的姓名只配写在申请书的副本上？人的灵魂同可憎的命运展开搏斗，世界各地吹响的号角呼唤着战士；我们却成天为菜园里竹架上悬吊的葫芦打官司、上诉？

沉默了许多年之后，孟加拉大地的生命已经充实了。让它用自己的语言讲述抱负吧！融汇了孟加拉人的心声，世界之歌将更加动听！

第四章　游走世界的表记

日本的俳句

他们的心不像岩泉发出叮咚的响声，而像镜
湖一样幽静

日本人节制地抒发情感，在诗中也得到佐证。三行一首的俳句，世界上独一无二。有三行诗，诗人和读者均心满意足。怪不得街上听不到歌声。他们的心不像岩泉发出叮咚的响声，而像镜湖一样幽静。我听他们朗诵的诗，全是有画的诗，而不是吟咏的诗。胸中的怒火和愤慨，损耗人的精力，这方面他们的支出极少。他们情绪的表露富于美感。美感，不介入荣利。我们不必为繁花、飞鸟、明月洒泪，我们与它们只有享受纯美的关系——它们从不伤害我们，从不巧取豪夺，从不腐蚀我们的生活。因此，给三行，它们就满意了；想象中的宁谧完好无损。

阅读两首脍炙人口的日本古诗，就能明白我的看法：

> 古老的池塘，
> 青蛙跃入，
> 水声袅袅。

太高明了！日本读者的眼里充满灵性。一个被遗弃的古老的池塘，昏暗，静穆。一只青蛙跃入，扑通一声。听见水声，说明池塘非常安静。如何在心间上画古老的池塘，诗人做了暗示，再写是画蛇添足。

再看另一首诗:

暮秋时节,
枯枝上歇着
一只乌鸦。

三行足矣! 深秋树木落尽叶子, 一两根枝丫
枯朽了, 上面歇着一只乌鸦。寒带地区, 秋天是
树叶萧萧飘落, 花儿凋零, 浓雾黯淡天空的季节。
秋天给人死气沉沉的感觉。枯枝上歇着一只黑乌
鸦, 这就足以让读者在心镜里窥见秋天的贫苦和
阴暗。诗人刚落笔就退却了, 因为读者具有丰富
的形象思维能力。

下面援引的诗, 具有超越视觉的深邃的
意蕴:

天堂凡世两朵花,
神祇佛陀亦为花,
人心实乃花之魂。

我个人认为, 这首诗反映印度和日本共同的
宇宙观。日本把天堂、凡世喻为两朵美丽的鲜花;
印度的笔下, 一个花托上的两朵鲜花是天国和人
间, 神仙和佛陀——假如人没有心灵, 这鲜花就
只是外在物——美景在人的心里才能诱发美感。

显然，这三首诗遣字用字，抒写情感是节俭的，不会惹恼心头的冲动。我认为，这是日本深沉的写照。总之，可称之为心绪的节省。

巴厘舞蹈

树木、山峦、清溪、寺庙、神像、农舍、稻田、
集市，组成一个完美的整体，令人赏心悦目

巴厘岛是个小岛，妆饰得极为妩媚。树木、山峦、清溪、寺庙、神像、农舍、稻田、集市，组成一个完美的整体，令人赏心悦目。

巴厘岛上，过节的主要内容是跳舞。如同一排排椰子树在海风中晃动，巴厘岛的男男女女在舞蹈之风中摇晃。每个民族均有表达其感情的特殊途径，以前孟加拉人的心灵异常激动的时候，在颂神歌中轻易找到的抒发激情的途径，至今不曾消逝。巴厘人的心想说话，便不由自主地翩翩起舞。女人跳舞，男人也跳舞。我已看过巴厘岛的戏曲表演。从拉开帷幕到剧终，上场，下场，串场，表现交战和谈情说爱，甚至小丑的逗乐，全是舞蹈动作。深谙舞蹈语言的观众，才能弄清故事情节的发展。那天我们在巴厘王宫里观看古典舞，东道主告诉我们，古典舞的名字是《萨勒维与莎达帕第的故事》。

巴厘人通过舞蹈形象，不仅传递感情，而且表述故事。人的舞动表现故事内容。要使一个极平常的故事具有视觉效果，必须随着音乐的节奏，做出具有造型性的人体动作。

巴厘舞减少动作的直白，或者舍弃直白，只把韵律的流畅赋予变幻的舞姿。巴厘的舞蹈艺术家，把只能听的往世故事诗，变成可看的叙事舞蹈。语句是诗的载体，语句的部分韵律体现于音乐的普遍规律；但它的含义是人为的，不过是社会中彼此协调的象征罢了。两者的结合便是诗。只有富于想象力的人，听见"树"这个词，才能见到树。同样，巴厘舞单凭节奏，还不足以叙事，它还需要暗喻和比拟。这两者的结合，便形成巴厘舞。跳舞的时候，艺术家闭上嘴，用暗示和舞姿之曲说话。巴厘舞中我们看到的战争，在战场上是不可能发生的。假如天国实行一条法规：双方用韵律交战，一方的节奏出现差错等于失败，这样的战斗，似乎就是巴厘舞中的战斗。谁对舞蹈与现实的一致感到惊讶，继而产生厌恶，那他读了莎士比亚的剧本，也会嘲笑的——因为战争在韵律中进行，死亡也在韵律中出现。电影中有画面的移动，它既然可以成为名副其实的艺术，舞蹈中也就可以放映故事。

巴厘岛也有纯舞蹈，前天晚上，我们在吉亚纳亚的皇宫已经欣赏过了。打扮得十分漂亮的两个小女孩，头戴冠冕，上面的簪花一动就摇颤。随着"佳美兰①"乐器的演奏，她俩翩然起舞。演奏的乐曲与印度的乐曲完全不同。印度的乐器"贾尔达朗迦"弹的曲子，我听起来

---

① 巴厘岛特有的乐器，由铜片、竹片制成。

就像乐曲的儿童游戏。但它们似乎在巴厘人娴熟地用多种乐器演奏的深沉而悠扬的乐曲中也能听到。巴厘的曲调与印度的曲调也不一样。相同之处是都有击鼓声和敲钹声。大大小小的铃铛声，是巴厘乐曲的核心部分。它不是印度戏院里最近流行的伴奏，也不是欧洲的钢琴协奏曲。铃声似的主要音调传进耳中，可它又与其他各种乐器弹奏的乐音艺术地编织起来。从总体上说，它与印度乐曲相差甚远，但听了心旷神怡。欧洲人也会喜欢巴厘音乐的。

两位女孩踏着"佳美兰"器乐的节奏，活泼地跳舞，舞姿十分优美，身体各部分富有韵律美的舞动，是那样轻柔，那样生动，那样流畅，那样雅致。欣赏其他舞蹈，我们常常看见舞女拼命扭动身躯。而这两位小女孩的身体仿佛是两股喷涌的舞泉。据说十二岁之后，就不让这些女孩跳舞了，因为十二岁之后，她们的身体不再那么柔软，那么伸展自如了。

晚上，我们在皇宫观看戴面具的戏剧表演。我们曾从日本带回一些面具，制作面具是一门特殊艺术，需要深厚的艺术修养。我们每人的脸既有个性又有共性。依照面部轮廓和表情，我们的脸形可分成若干类型。制作面具的艺人把那若干类型的特征画在面具上。同一类的表情特征，收纳于同一类面具的神情之中。演员戴着面具上台。我们看到的不仅是某一个人，也是某一类人的表情。一般来说，演员要按照神情做动作。由于面具的神情是不变的，所以演员要做出与神情相应的动作。基本唱词是固定的，唱腔的声调应能诠释唱词，不能有丝毫出入。我们观赏的就是这种别具一格的表演。

这几天我老在想，巴厘人不欢快地亮开嗓门唱歌，可能是缺少演唱的歌曲。他们叮叮当当敲击乐器，敲出来的其实是节奏，而不是乐曲。他们用各种乐器击出富有节奏的音响。有些乐器像锣和鼓，击出少量乐音，大部分则是声音。用金属制成的乐器，可击出音符，但击不出舒缓的音调，也没有必要击出。因为音调属于歌的范畴。切割的曲子，只有节奏的音响。事实上，巴厘人唱歌不用嗓子，而用肢体。他们变化的舞姿，就是乐曲的变调；它与有大量跳跃动作的英国舞蹈不同。也可以说，巴厘人的舞蹈，不像雨季的倾盆大雨，而像水浪轻漾的清溪。节奏显示的连贯性，维系隔断的时间，而歌显示的连贯性，确保趣味的完整。因此，依我看，他们的乐曲是节奏，而他们的舞蹈则是歌。印度和欧洲有歌吟表演，巴厘岛则有舞蹈表演。

你离去的时候
我已做完家务
孤独地坐在阳台上
方向不定的热风
携带着远处大片农田的清香吹来

在德黑兰过七十岁生日

这儿春天早晨的阳光下，从悠远的春天，诗人含笑的眼神飘然而至什拉子总督隆重地把我迎进一幢大楼里的会议厅，整个厅里铺着地毯，大厅两边沿墙坐着欢迎的人群，他们面前的小桌上，摆着甜食、水果和茶具。

他们中间有什拉子的文学家和各界代表。一位名人代表什拉子的群众对我致欢迎词。他说，什拉子为有二位永生者而感到自豪。他们的心田挨着您的心田。您的心泉喷涌出诗意，您心泉的甘露也滋润了这儿两位诗人人生的花林。诗人萨迪几个世纪在这一块圣洁的土地下安卧，此时此刻，他的灵魂升到了这片树林的上空。诗人哈费兹欣慰的笑容，顷刻间扩展到了国人的欢乐之中。

我在答词中说，你们给予我如此高的礼遇，我难以恰当地回报。因为，你们对我致欢迎词所用的语言，是自己的国语，而我所操的语言，是舶来品。对我来说，储蓄本里唯一的记载，是我亲自来到了这儿。孟加拉藩王曾经邀请诗人哈菲兹访问孟加拉，可他未能成行。但孟加拉诗人 ①接受了波斯国王的盛情邀请，如期成行，得以直接对波斯表达他的情义和良好祝愿。

---

① 指泰戈尔自己。

4 月 17 日下午在皇家陵园为我举行了欢迎大会。

从墓地到后面宽敞的庭院里，坐满了人，我在他们中间落座。空地前的高墙，盖着极为精美的挂毯，地上也铺着地毯。围坐在庭院里的每个人面前，摆着甜食和水果。会场右方青山脚下，夕阳在缓缓下垂。左边会场外面的路上和高坡上也坐满了人，大部分是身穿黑色衣服的妇女，持枪的几个卫兵在维持秩序。

末了我们出去瞻仰哈菲兹的陵墓。

走近陵墓，坐下。陵墓的卫兵送来了一本很大的四方形的哈菲兹诗集。当地的老百姓相信，心里怀着一个愿望，闭着眼睛翻开诗集，赫然映入眼帘的一首诗，能够实现他的愿望。我想起刚才总督谈的话题，暗暗祝愿印度尽快摆脱扼杀生命的宗教迷信。

一页一页翻看的诗作，大致可分为两类。伊朗人和其他几个人的译作，已被人接受。以第一章第一句诗为例。这首诗可以说是一首意象诗。但分析朴素的寓意，其抒情对象显然是绝色美女。

第一章：头戴王冠的国王们，是你媚眼的奴

仆，从你的嗓子流泻出的甘露般的妙音，迷住了学者和智者。

第二章：天堂的朱门开启，与此同时，将解开我们一切难事的死结，这可能吗？对傲慢的宗教人士，如果朱门关闭，心里对上帝充满信心，朱门将开启。

听了我对哈菲兹诗作有关问题的恰当回答，朋友们好生惊讶。

坐在陵墓旁边，我心里感到惊奇的是，这儿春天早晨的阳光下，从悠远的春天，诗人含笑的眼神飘然而至。我们两人仿佛是一家酒店里的两个朋友，把各种美酒斟满一只只酒盅。我也多次见过死抱陋习的宗教人士紧皱的狡黠的眉头。他们的言语之网未能罩住我。我是遁逃者，在飒飒吹拂的欢乐之风中悠哉悠哉。今天我真切地感到，几百年后，一个远行者跨越生命界线，来到这座陵墓旁边，他是哈菲兹的老熟人。

4 月 29 日下午五点，车队来到德黑兰城郊，拉开了结识首都的序幕。

我首次会见波斯国王。在王宫里铺着地毯的会客厅里，可以说没有豪华的家具。国王身穿灰色军服。他在极短的时间内，把波斯从灾难的深渊里迅速拯救出来，从而赢得了波斯的心。在这种情形下，别人通常大张旗鼓地宣传自己的业绩。但他极为平静地掌控着王家的荣耀。他是个崇尚简朴的伟人。他的表情坚毅，目光中饱含和善的宽容。他没有登基的世袭权，没有过穷奢极欲的生活的奢望。然而，他登上了王座，同时在子民心中赢得永久席位。他已当了十年国王，可王座四周并未建造令人忧虑的难以逾越的壁垒。有一天，阿米亚看见，国王在视察一条修建的新路，身边没有前呼后拥的官员和保镖。

5月6日。按照欧洲的年历，今天是我的生日。我的波斯朋友们，一大早就在我生日上面倾洒花雨。我的身边放满了姹紫嫣红的鲜花，玫瑰花居多。与此同时，送来了各种礼物。当地政府授予我奖章和奖状。我对波斯朋友们说，我第一次出生在印度，那天，只有亲戚接受我。你们如果接受我，我生日的这一天，就属于所有国家——这是我的再生之日。

下午，我应邀出席教育部长举行的茶话会。波斯的重要人物和许多外国使节也出席了茶话会。茶话会上，和一位波斯名人交谈甚欢。我们的话题是：多个历史时期，一次次受到外国侵略者，尤其是莫卧儿人和阿富汗人极其残酷的打击，波斯仍拥有生意盎然的天才，这是个罕见的奇迹。他说，波斯接纳所有民族，波斯的鲜活语言和文学的连贯性，保护了波斯。当干旱的酷热，从外部折磨它时，它内在的依靠是自己的河流。这不啻保护了波斯本身，从阿拉伯时代到莫卧儿时代，也让入侵波斯的人，从波斯获得新的生命。

晚上，前往剧院观看演出。戏剧表演，是近代波斯引进的艺术，至今未深入人心。所以，表演略显稚嫩。剧本故事收材于《列王记》。和印度戏剧表演一样，中间演唱多首歌曲，也许这是为抒发民族激情吧。看到大部分女性角色，由穆斯林女性扮演，不禁感到有些惊诧。

我像一位行人，一面走一面观看这儿的风景。细看一切的时间，当然没有，心里只留下一些浮光掠影的印象。这不是深刻的认知，只是以情思之手轻轻抚摸之后产生的感觉而已。

当一回贝都因

烈日烤炙着浑黄的沙原，远处幻化为海市蜃楼。牧民在放牧羊群，有的地方踯躅着马和骆驼。风呼呼地啸叫，沙尘旋转着飞驰列车驶进巴格达。车站上人头攒动。各界代表对我表示热烈欢迎。印度同胞在我颈上戴了花环。两个小姑娘敬献花束。

我们下榻于底格里斯河畔的旅馆。我房间前宽敞的游廊里，可坐着观赏两岸景色。底格里斯河差不多和恒河一样宽。对岸有一行行大树，有枣树林，掩映着一幢幢建筑。

几天后，贝都因游牧部落首领派人邀请我到牧区做客。我起初想婉言谢绝，怜惜衰老的身躯不去为好。可转念一想，当年在诗中写得何等豪放：我愿成为阿拉伯人，成为贝都因！那时我年近三十，如今三十岁快隐入我身后的地平线了。时不可失，机不再来，今日不把激昂的诗句部分地付诸现实，必将抱憾终生！所以一早就登车出发。

汽车驰入沙漠地区。一开始见到的并非漫漫黄沙，是坚硬的沙土。几条沟渠引来河水，远远近近可见小片农作物。主人专程前来迎接，上了我们的汽车。这是一位结实的彪形大汉，目光锐利，一身游牧服装：头缠一方白布，套着黑圆环。雪白的衣衫外面，罩着轻薄的黑袍。同行者告诉我，这位首领几乎目不识丁，但机敏过人，是当地的议员。

烈日烤炙着浑黄的沙原，远处幻化为海市蜃楼。牧民在放牧羊群，有的地方踯躅着马和骆驼。风呼呼地啸叫，沙尘旋转着飞驰。走了很长的路，我们才到达他们的聚居点。一个巨大的帐篷里，许多人在喝咖啡。

我们在一间泥屋里落座。里面非常凉爽，地上有考究的地毯，靠墙木床上铺着软垫。房中木柱支撑着脊檩和椽子上的泥屋顶。首领的亲友围坐成一圈，有一位托着粗重的玻璃烟筒在吸烟。有人递给我一个精巧的茶杯，斟满咖啡。咖啡极浓，又黑又苦。首领谦恭地询问我是否同意马上进餐，若吐出一个"不"字，按照风俗，就不必宴请了。我表示同意，空空如也的肚皮也催促我这样表态。演唱歌曲，是宴会的序幕。一位歌手手持用木片和皮革制成的简陋的单弦琴，边弹边唱。嗓音尖细，歌声如咽似泣，与昆虫的嗡鸣相仿佛，实在叫人难以联想到贝都因人的粗犷剽悍。

歌罢，送来水盆、漱盂。我擦了肥皂，洗净手，坐着静候。面前铺了线毯，三四个小伙子端来了圆月形双层厚面饼，一只双环大铜盘里是小山似的米饭，上面是一只煮熟的整羊。刚才尖细哀切的歌声，与这宴席的形式和内容是那么不协调。大家簇拥着铜盘，把饭抓到自己的瓷盘里，撕掰着羊肉吃了起来。稀酸奶供大家作为饮料饮用。

首领不无歉意地说："我们这儿的风俗是贵宾进餐，主人站在一边。可是今天太晚了，顾不得风俗了。"说话间，又端来一只大铜盘。他的亲友呼啦一下围盘坐下，大吃大嚼。那些地位较低的陪客，只有收拾我们残羹剩饭的份了。

吃完饭，首领下令跳舞。一位乐师吹起单调的笛音。牧民们踏着节拍，开心地蹦跳。说他们在跳舞有些夸张，只有领头的挥动着手帕，稍微有点舞蹈的味道。

这时我的儿媳去看望他们的女眷，她们也为她表演了舞蹈。她回来告诉我，她们的舞姿优美动人。由此可以推想，欧洲的舞女想必模仿过东方舞蹈，尽管跳起来少了点东方神韵。

随后，我们来到屋外观看战斗舞。他们手持棒棍、匕首、腰刀、猎枪，一面跳跃吼叫一面转圈，情绪激昂。女人们立在门口，为他们加油、喝彩。下午四点左右，我们告别热情好客的主人，踏上归途。首领送了我们一程。

贝都因牧民是沙漠的儿子，性情豪爽、坚毅，生死的矛盾与他们终生相伴。世界没有给他们固定的住所，他们也不期望别人恩赐栖身之地。生物学有自然选择一说。生活的磨难中，他们经历了严格的选择，弱者被淘汰，他们是存留的强者。死亡考验过他们，他们部落之间的关系十分密切。他们故乡的怀抱是窄小的，重重困难的包围中的生活的些许成果，他们共同享受，他们的食物盛放在一个大盘里，虽然这种食用方式并无时髦的雅趣可言。他们可以吃别人烙的粗面饼，不分彼此的习惯中，培育了为同族人赴汤蹈火的英雄气概。我是河流的怀抱里的儿子，坐在他们中间用餐，我想到我同他们是用不同的模具铸就的，但彼此的感情，可用心灵深挚的语言加以沟通。

我对他们不识字的首领说，我曾在一首诗里写道："我愿成为阿拉伯人，成为贝都因。"今日，我的心与他们贴得更近了。我在内心深处，分享了他们的精神食粮。

汽车徐徐启动。两旁，表演骑马术的两队贝都因骑手，策马飞奔，宛若两团沙漠旋风。

我的访问看样子只好在阿拉伯贝都因部落宣告结束了。启程回国还有两三天时间，可是我已经疲惫不堪，难以完成其他参观项目。在沙漠友好的气氛中结束这次访问，是令人难忘的。我同首领开玩笑："我受到了贝都因人的热情款待，可未看到贝都因强盗如何抢劫，实在是美中不足。"首领哈哈大笑："不好办哪，我们的强盗从不伤害白发银鬓的学者。有些狡猾的商人经过此地，就让温文尔雅的老人伪装成他们的头领，坐在骆驼上。"

"访问中国的时候，"我说，"我对一位中国朋友说：'我真想落入强盗之手，使我的访问带上传奇色彩。'中国朋友说：'中国的强盗不会欺侮像您这样德高望重的诗圣的，他们尊敬老人。'"

年已七旬的我，不会学年轻人去冒险的。访问已近尾声，带着波斯人和伊拉克人的尊敬和友情，我即将动身回国，今后，我只希望工作之余置身于安宁的环境。年轻人之间产生矛盾，矛盾的发展中，消除人世之河的变态。强盗尊敬老人，将老人推出自己的天地，而要与年轻人较量。那种激烈的搏斗能锤炼膂力。所以年过五旬，人最好知趣一些，隐居在远离那种尊敬的森林里。

困在美国成年人习性的荒漠中

嘲讽的这一幕终将消失在虚无中，如同掠过
天空的沙尘暴遮住太阳，几秒钟之后便杳无踪影，
留不下蛮横的一丝痕迹

此前，我说过，有一段时间，我困在美国的成年人习性的荒漠中——一座追求功利的坚固城堡。那时，我十分清楚地发觉，那儿储积了许多荒唐的虚假，这在世界其他地方，是见所未见的。负责储积的头领，狂妄地阻挡世界永久的奋进。但那些储积之物不会永存，今天或明天，将被荡涤净尽。

一个个湍流的旋涡中，所有储积的虚假之物卷聚在一起，在湍急的河水的不停冲击下，悉数漂向蓝色的大海。世界的胸脯得以恢复往日的清洁。在世界上，创造的动力，是不贪的、无欲的、不悭吝的，从不允许储积，因为，储积的垃圾堵塞创造之路。它每日设法保持纯洁的闲暇时光，以便确保"永新"的不间断展示。贪婪的人为了存放在各地收集的垃圾，强迫成千上万披枷带锁的奴隶修建垃圾仓库，在受到毁灭诅咒的监狱般的仓库里，"悭吝"在一堆堆物品的幽暗中栖身，心怀敛财的狂傲，嘲讽悠悠时空。可悠悠时空从不容忍这种嘲讽。嘲讽的这一幕终将消失在虚无中，如同掠过天空的沙尘暴遮住太阳，几秒钟之后便杳无踪影，留不下蛮横的一丝痕迹。

我在吐喷商品的机器的漆黑巨口中和储存商品的昏暗仓库里，在绝无好客之情的猜疑的毒气中，几乎窒息地熬过了一段时光。那时，我听见厚墙外的路上永恒行者的足音。这足音的旋律在我的血液中弹奏，在我的冥想中回响。那天，我清楚地意识到，我是那位行者的旅伴。

　　我跳出那吞物之兽的巨口，动笔写《儿童的湿婆集》的情状，就像囚徒获释，跑到海边，大口大口呼吸新鲜空气。人被囚禁在高墙之内一段时间，就会省悟，他的内心极其需要辽阔的天空。在被关在"衰老"的城堡里的那天，我也发现，内心的稚童的游乐场，遍布一个个世界。为此，我遐想着沉浸于儿童游戏之中，在儿童娱乐的碧波中凫游，是为让心灵安宁，得到净化，得到解脱。

干涸的池畔的灌木丛中
明灭着点点流萤
竹影在长满荒草的土路上摇曳

与爱因斯坦的世纪对话

乐音作为曲调的载体，协助表演。这种音乐
复杂而精妙，是由曲调构成的一个完整世界

泰戈尔：今天我和孟德尔博士讨论了数学的新发现，这项发现告诉我们，在微小原子的领域，进行着它的游戏；存在之戏，在本质上，绝对不是一成不变的。

爱因斯坦：引领科学趋于这种看法的事实，并未对"因果关系"道一声"再见"。

泰戈尔：也许没有，但关于因果关系的想法，似乎并非源自分子，而是其他某些力量，用它们构作一个有序宇宙。

爱因斯坦：有人试图在更高的层面上去探究，到底有怎样的规则。规则所在之处，大的分子聚合，决定存在方向，但在微小的分子中，这样的规则不易察觉。

泰戈尔：这样的二象性，在实物的深处，自由的冲力和定向的意愿的矛盾对它起作用，形成物体的井然有序的结构。

爱因斯坦：现代物理不会说，它们是矛盾的。从远处看，云朵是一个整体，但你如果在近处看，就发现它是由一滴滴无序的水珠凝聚而成的。

泰戈尔：我发现人类心理学中有类似情况，我们的激情和欲望是不肯受约束的，但我们的意志将这些元素置于一个和谐的整体之中。在物理世界中，也有类似的情况发生吗？这些分子因各自的冲动而处于反叛的动态？物理世界中，是否有一条规则能控制它们，并把他们置于有序结构之中？

愛因斯坦：分子并非没有排列秩序；镭分子总是保持着特有的排列秩序，现在和将来，都和它们以前的所作所为是一样的。在分子中，确实是有排列秩序的。

泰戈尔：若不如此，存在之戏就太杂乱无章了。是常有的和谐机会和决心，使它们永远鲜活，充满活力。

愛因斯坦：我相信，不管我们做什么，也不管我活着为什么，都有前因后果；这很好，然而，我们不能看透这一点。

泰戈尔：在人们的日常事务中，也有一种富于弹性的因素——在较小范围内的某些自由，是为了让我们显示个性。这如同印度的音乐体系，它不像西方音乐那样有严格规定。印度作曲家提供某种明确的轮廓——曲调和韵律的总体规范，在一定的范围内，演奏者可以随意演奏。他必须遵守特殊曲调的规则，之后在确定的规则之内，自由发挥，抒发他的音乐感受。我们赞赏作曲家在构建与曲调结构相一致的某种基础方面的才华，但我们期望演奏者依凭自己的技巧，创作装饰性的变调。

　　爱因斯坦：只有当音乐的强大艺术传统，去引领人们的情绪时，这才是可能的。在欧洲，音乐已远离流行艺术和公众情感，变成一种神秘艺术，紧抱着自己的格式和传统。

　　泰戈尔：在印度，歌手的自由的尺度，在他创造性的个性之中。他可以把作曲家的歌曲当作自己的歌曲演唱。

　　爱因斯坦：这需要很高的艺术水准，充分理解原创歌曲的崇高旨意，之后，才能随意发挥。在我们国家，音乐变化常常是受限制的。

　　泰戈尔：我们只要在艺术处理上遵循追求完美的原则，就能有表现自我的真正自由。艺术处理的原则摆在那儿，但性格使之变得真切，使之别具个性，这是我们的创造。

　　爱因斯坦：印度歌曲的歌词也自由吗？我的意思是说，歌手可以自由地把自己喜欢的词汇加进他唱的歌吗？

泰戈尔：可以的，在孟加拉，我们有一种叫作吉尔坦的颂歌，允许歌手添加与内容有关的评论和原创歌曲中没有的短语。

爱因斯坦：格律形式十分严谨吗？

泰戈尔：是的，非常严谨。你不能越过韵律的界线；歌手的标新立异，只能在规定的韵律和时间之内。在欧洲音乐中，你们不是在曲调上而是在时间上拥有较多自由，可我们恰恰相反。

爱因斯坦：印度唱的歌曲可以没有歌词吗？没有歌词，别人能听懂吗？

泰戈尔：可以。我们有些歌曲的歌词是没有意思的。乐音作为曲调的载体，协助表演。这种音乐复杂而精妙，是由曲调构成的一个完整世界。

爱因斯坦：它不是复调音乐？

泰戈尔：使用乐器，不是为和声，而是为了确保一定的时间，加强音量和深度。在你们的音乐中，曲调受到过强的和声的挤压吗？

爱因斯坦：有时挤压得很厉害。有时候和声完全淹没曲调。

泰戈尔：曲调和和声，如同画作的线条和颜色。一幅简洁的素描，也许是完美的；涂上颜色，可能使之模糊不清，毫无意义。不过，只要颜色不遮盖或损害线条的价值，两者的有机结合，可能成为佳作。

爱因斯坦：这是个美妙的比喻；线条其实比颜色年长。看来你们的曲调在结构上比我们的曲调要丰富得多。日本的音乐好像也是如此。

泰戈尔：分析东方和西方的音乐对我们心灵的影响，是困难的。我被西方音乐深深地打动——我觉得西方音乐是美妙的，它结构宏大，曲目繁富。印度音乐更深地打动我，靠的是其基本的抒情魅力。欧洲音乐本质上是史诗；它有宏阔的背景，结构好像是尖拱式建筑。

爱因斯坦：是啊，千真万确。你是什么时候第一次听到欧洲音乐的？

泰戈尔：十七岁那年。我第一次来到欧洲，对它有了直接了解。不过在那之前，我在我们家里听过欧洲音乐。早年我听过肖邦等作曲家的作品。

爱因斯坦：我们习惯于听自己的音乐，所

以，有一个问题，我们欧洲人不能恰切地回答。我们想知道，我们的音乐是否蕴含恒久的或者基本的人类感情，去感受和谐的音韵和不和谐的音韵，或者去感受我们接受的老一套东西，是否是很自然的事儿。

泰戈尔：不管怎么说，钢琴演奏使我的心灵受到震撼，而小提琴演奏给我更多的是愉悦。

爱因斯坦：研究欧洲音乐对一个从未听过欧洲音乐的年轻印度人的影响，是件有趣的事儿。

泰戈尔：我曾经请一个英国作曲家为我分析几支经典乐曲，为我解释，是哪些要素构成宁静之美。

爱因斯坦：困难在于，不管是东方的还是西方的，真正的优秀乐曲，是不可能分析透彻的。

泰戈尔：是啊，但凡深刻影响听众的东西，都躲在他们的身后。

爱因斯坦：不管是在欧洲还是在亚洲，关于所有基本的东西，同样存在的不确定因素，总是在我们的经验之中，在我们对艺术的反应之中。甚至我看见我面前你桌子上的红花，对你或对我来说，也是不一样的。

泰戈尔：所以说，个人体验和普遍的艺术标准这两者之间，有一个逐渐接近，最后完全一致的过程。

与罗曼·罗兰[①]谈艺术

文学不是任何激情的直接抒发

泰戈尔：我感觉到了你们欧洲音乐蕴含的强大力量。我喜欢贝多芬①的作品，也喜欢巴赫②的作品。我必须承认，充分理解和全面品评欧洲音乐特点，需要很长时间。年轻的时候，我听过钢琴演奏的欧洲乐曲，发觉大部分乐曲是动人的。但我不能全身心地进入它的精神核心。欧洲各国的音乐各具特色吗？比如，意大利音乐别具一格吗？德国音乐不同于音乐的一般风格吗？

罗曼·罗兰：确实大不相同。大量欧洲现代歌曲源自意大利，但在发展过程中已完全变样了。南欧歌曲富于较多的美感。但你到北欧就能发觉，那儿的歌曲变得越来越复杂了。在十六世纪意大利古典音乐中，你能发现优美的谱线和装饰音，音乐美是显而易见的。北欧歌曲富于激情。我认为，现代意大利歌曲华而不实。在古代的意大利，作曲家和诗人都不懈地追求纯真。

泰戈尔：我想问您一个问题。艺术的宗旨，不是把表现方式赋予激情，而是利用激情创造有意义的形式。文学不是任何激情的直接抒发。在欧洲音乐中，我发现，有时竭力把表现方式给予特殊的激情。有这个必要吗？音乐不该把激情仅

---

① 贝多芬（1770—1827）系德国作曲家。
② 巴赫（1685—1750）系德国作曲家。

当作素材和它自身的终了吗？

罗曼·罗兰：一个杰出的音乐家必须时刻把激情当作材料，在其外面，创造美的形式。但在欧洲，音乐家有了如此多的好题材，以至于有一种过分强调激情表露的倾向。

泰戈尔：以歌剧《茶花女》为例，它不是太直露了吗？不是试图以过分具体的细节描写每个事件吗？

罗曼·罗兰：是的，这是我们音乐的缺点。尤其是从十九世纪初叶开始，贝多芬的浪漫主义作品创作之后。

泰戈尔：在印度，我们走到了另一个极端。歌手常常获得太多的音乐自由。印度作曲家更多地依赖手指弹奏，来完成作曲。但令人遗憾的是，歌手常以多变的演唱抢作曲家的风头。

罗曼·罗兰：在意大利古典音乐中，音乐意蕴由歌唱演员诠释，作曲家总是留下许多不明确的成分。在意大利流行喜剧中，作曲家谱写的曲子，大致上是个轮廓。演员即兴演唱，加以补充，使之丰满，常常好像是作曲家的助手。每一次的歌词和曲子都不一样。一些好的成分当然就流失了。

泰戈尔：这是音乐的特性，相当一部分会流失的。大部分有赖于演员。它通过充满活力的途径进行传播。

罗曼·罗兰：在那段岁月里，歌唱演员是"可怕的暴君"，尤其是在欧洲南部。在北欧，我们有极为严格的规范。北欧的传统是尽可能地明确职守。

泰戈尔：是的，那也是必要的。你们的现代音乐中规中矩，和声确保曲子的纯真，摆脱羼杂和虚假。

罗曼·罗兰：但您认为只有音乐才能用这个办法保持其化石般的纯真吗？使活的音乐一成不变，是不可能的。

泰戈尔：您知道，我不光是诗人，对音乐也很感兴趣，经常填词作曲。我感到大为不解的是，各国的音乐形式，为何有如此巨大的差别。比起其他艺术门类，音乐流传得更广。

罗曼·罗兰：音乐有童年期、成长期和衰落期。第一首激情洋溢的歌曲找到的表现形式，开初大都是不理想的，此后，有一个激情和形式磨合的时期，渐渐形成固定模式，最后走向衰微。

泰戈尔：所有艺术门类的情况大致相似。在文学中，我们也发现，每每有新的冲动在创造自身的形式。一度新鲜的形式，经过一段时间，变得衰老了，陈旧了，用了很长一段时间之后，就不实用了。

罗曼·罗兰：是的，生命也是如此。从一种形式到另一种形式，流变是永恒的。

泰戈尔：确实如此。才华横溢的人创造新的形式。没有艺术礼品赠送的人为艺术戴着生锈的枷锁，之后打碎桎梏的日子又来临了。

罗曼·罗兰：在欧洲，我们似乎已经到了"穷途末路"。我们感到我们仿佛被关在笼子里。

泰戈尔：是的，也许你们的聪慧已到了尽头，富于人性的生机勃勃的一切，正走向衰亡。

罗曼·罗兰：我们整个生活蜕变为庞大机器的趋向已经出现。

泰戈尔：你们欧洲古老而美丽的脸上，浮现了这样的征兆。这次访问，所到之处目睹的种种假象，千篇一律，毫无美感。但佛罗伦萨是美丽的。那儿的人们所保持的心灵的超脱，强烈地吸引住我的目光。

罗曼·罗兰：他们依然保持着生活的朴素。最近，佛罗伦萨人举行了缅怀祖先的活动。这大概是佛罗伦萨成为伟大艺术中心的缘故吧。

泰戈尔：我十七岁留学英国，在伦敦第一次听到欧洲歌曲。歌手米尔逊演唱自然歌曲，模仿鸟叫，名气很大。我听了觉得实在太荒唐了。音乐应该汲取鸟儿歌唱的欢乐，赋予鸟鸣的喜悦以人类的表现形式，而不应该是鸟啼的临摹。

罗曼·罗兰：你们什么时候欢度春天的节日？

泰戈尔：在孟加拉地区，一般是从二月底到三月初。春天的南风徐徐吹拂时，白天天气暖和，晚上凉爽、舒适。这也是农民开始在地里干活儿的季节。我们在雨季习惯于经常聆听表现下雨的歌曲，很可能是那些曲调把雨季的欢乐注入了我们的心灵。春天和夏天的歌曲也同样耐人寻味，可缘何未能激起我们的想象呢？

罗曼·罗兰：也许那些曲调迥然不同吧。

泰戈尔：在诗作中，每个单词具有文学想象的微妙氛围。外国人永远难以理解它们的特殊价值。但它们听起来很美。

罗曼·罗兰：文学意象常在欧洲音乐中出现。在田园歌曲中，甚至当下的流行歌曲中，一些乐章仍在使用。如果这些特殊的乐章，用于非田园音乐，也会创造出田园生活的氛围。大概你们雨曲的想象也是用同样的方法促发的。你们主要的乐器是什么？

泰戈尔：是"维那"琴，可以弹出纯正的音符。它不像小提琴那样灵便，但以特有的技法保存了我们曲调的本真。

罗曼·罗兰：是的，尤其是在离开表面的或时髦的那部分东西之后。某一时期审美趣味不断变化，某些特殊性，只属于那时事物的表面现象。

泰戈尔：在绘画艺术或造型艺术中，素材用同样的手法所表现的东西，为大多数人所熟悉，很容易被每个人领会。但乐句不为人熟悉，所以，当我们营造一个音乐结构时，对外国人来说，整个东西仿佛是古怪的。这就是较之其他艺术门类，一个外国人更难理解别国音乐的缘故。

黄绿相间的稻田上
移动着秋云的阴影
后面是快速追赶的太阳

出访英国的旅伴 ①

　　丰沛的阳光从四面敞开的门窗射进来，充满
我的房间。身旁的花盆里，一朵朵茉莉花绽放，
花香四溢，我的心儿被浸染得芬芳了

---

　　①　本篇系泰戈尔写给加尔各答市立医院著名外科医生
迪琼特罗纳德·穆伊达拉的信。

一

我时运不济——脑子里有怪物作祟。要不然，为何上船之前突然头晕摔倒呢？[①] 对往日积累的过失的惩罚，显然那天早晨落到我头上了。

疾病的首波冲击已经过去了。如今在医生的严厉管制下，心儿有些忍受不了了。看书、活动等生命力旺盛的动物的所有权利，在我已被禁用。给您写这封信，是"违法行为"。不过，比起那样守法死去，违法死去，是件好事。

这些年我有许多美好憧憬。岂料在出访的帷幕背后，丑剧的阴谋遽然而至，这是我做梦也没想到的。那天上午，我没有轻易认输，一次次使劲儿抬起头来，但厄运一次次摁下我的头。我使出全力，也没能起床钻进汽车。

算了——就算骗自己一回。但"骗"您的痛苦，使我寝食不安。此时此刻，聊以自慰的是，让您

---

① 按原计划，1912 年 3 月 19 日，泰戈尔与迪琼特罗纳德·穆伊达拉一起乘船前往英国访问，向英国朋友介绍他的著作，商谈出版的可能性。不料这天早晨泰戈尔突然晕倒在地，不得不取消出访。

少挑了一副重担。上船的话，必定使您身陷困境，不得安宁。

我由衷地祝愿上苍保佑您万事如意，一路顺风。

二

我躺在病床上，背靠枕头写的一封信，按您在亚丁^①的地址寄出了，不知您收到没有。

我这会儿坐在希拉伊达哈办公楼三层房间里写信。丰沛的阳光从四面敞开的门窗射进来，充满我的房间。身旁的花盆里，一朵朵茉莉花绽放，花香四溢，我的心儿被浸染得芬芳了。

我的脑袋至今不适合工作。但无所事事地呆坐着，也不是稍有能力者的行为——我当然不会干坐着。但上午，仅拿着本子和笔，沙沙沙地写几行诗，未能做更多的事儿。来这儿以后，痔疮不流血了，心里踏实多了。否则，肯定早已停止

---

① 也门的港口。

轻声低吟诗歌了。

即将有两三艘客轮载着旅客横渡蓝色海洋，但船上没有我的一席之地。听说船上人满为患，等旅客少了，我再动身，可能没有旅伴。心里感到欣慰的是，那时你两个半月的假期即将结束，我的假日仍可与您的假日弹协奏曲。

我可能预订到 5 月 22 日普纳市号客轮的舱位。此事尚未确定。如果订不到船票，六月初乘另一艘客轮。希望届时我已完全康复。总之，请在您的旅程表上给我留些空地。请对苏伦①先生转达我的问候。他回忆起孟加拉地区假日的春风，大概会长叹一声。

三

5 月 27 日，我将在孟买乘格拉斯哥市号客轮前往英国。作为旅客，我们要在客轮上待一段时间。也就是说，从今天算起，整整一个月后，我们将顺利踏上欧洲大地，如果"大海"在这期间

---

① 苏伦是侨居英国的迪琼特罗纳德的大哥。

不捣乱，妨碍航行的话。我是陆地上的人，可海水要是闹别扭，那副样子，我这个习惯在陆地上生活的人，实在是受不了的。

也许，您注意到了，我在旅客这个单词后加了体现复数的后缀。这不只是"人多势众"的标志。这次，罗梯和儿媳陪我旅行。但是，我不会放过您的。一个月之前，我就发了预告，要"租用"您几天。

这封信送到您手上不久，当我现身英国时，我不会喋喋不休地唠叨，我只重复一句，您吓唬我说，在我肩负重任之地，医生或朋友不应贸然进入。您如不把我拽出重任的泥坑，您还算是知心朋友吗？天帝极为娴熟地把我塑造成一个"草包"，但你们老逼我披星戴月地干重活儿。你们莫非想毁了天帝造的这个怪物不成？

此前春季的一天，我在办公楼三层门窗开着的房间里给您写过一封信。写这封信，也是在这间屋子里。但空中风中，已闻不到春天沁人心脾的浓郁花香。一天天下午，我独自坐在房间里，观察维沙克月①风暴的怪异动向。今天发现了它的踪迹。"乌云"甩动鬃毛，在夕阳余晖中瞪着

---

① 印历 1 月，公历 4 月至 5 月。

血红的眼睛，杀气腾腾在矗立着。——远处河边尘土飞扬，黯淡了天空。与此同时，风暴这个疯子破门而出，不一会儿就将冲进我们的庄园。

维沙克月 25 日是我的生日，这一天是在狂风暴雨中度过的。我心里暗想，也许，我的人生将开启一个新时代。我目睹了 1912 年最后一场风暴，随后，将跨进人生的新时代。

四

昨天我已抵达伦敦，暂时住在一家旅馆里。准备到外面寻找可租用的一幢房子，因为，我们是不习惯住旅馆的生灵。心里初步打算住威尔士某个环境幽美整洁的地方，身体养好了，才有精力外出游览访友。我没有在伦敦的迷宫里转圈子的爱好。透过窗户朝大街上张望，在心里问自己："这座城里，像我这种人的立足之地在哪儿？如有立足之地，哪天能找到？"无能之辈在世界上找到合适之地，相当困难。我是学生的时候，伦敦这件衣服是很合身的，但现在感到紧巴巴的了。哦，哪儿是我宽广的田野？哪儿是我洒满阳光的天空？

然而，您无忧无虑，兴致勃勃地在聆听医学专家讲座。您不能完全体会慵懒之人心中的忐忑不安，尤其是这种不安与人体学的任何部分毫不相关之时。看来，只好先出门乘地铁去找威廉·罗森斯坦[①]先生了。您用库克先生的地址写信，我可以收到。原想登门造访，给您一个惊喜。但在目前的情况下，这肯定是不妥之举，故未贸然行动。

五

　　这是报应！大海的东岸，我让您上了一次当，看样子，在这大海的西岸，您报复我了。然而，我在国际地位低的国家，"打击"你一次，在基督教国家，您便给予回击，这是不符合教规的。

　　您心里知道，我不可能与您如影随形。有人给我寄来请柬，散发宴请的消息，不过是对我表示冷冰冰的好奇而已。尽管如此，您也别以为，这趟域外旅行中，您是优胜者。山脉、河流、海洋，

---

　　① 　罗森斯坦（1872—1945）系英国画家，泰戈尔的朋友。

不管多么宏大，对人而言，均不足挂齿。

来到这儿，我在外国人中间获得的快乐、教益和声誉，是我以前从未期望的。假如我得不到这些，这次出访便毫无意义。所以，一直到7月底，我只好安心待在伦敦这宅院的围墙里了。

我计划8月初在巴克斯顿①过一个星期。住在那儿的曼恩夫人，是通晓印度音乐的欧洲专家，我想向她了解欧洲音乐中融入印度音乐元素的神奇尝试。大家都说，那是个空气洁净、景色美丽的地方。此后，前往霍尔姆斯菲尔特②，会见西方隐士爱德华·卡彭特③。我原希望在这次朝圣之旅中，你能与我相伴——至今未放弃希望——但希望越来越渺茫了。

这两天就去拜访您大哥，会见的详细情况，可向他询问。

在大海此岸，如时来运转，要办的事情将接踵而至。否则，只能返回印度，在恒河边上的楼顶上，商谈今后的行动。

---

① 英格兰德比郡一个著名温泉小镇。
② 霍尔姆斯菲尔特位于科德韦尔山谷顶端。
③ 爱德华·卡彭特（1844—1929）系英国诗人、哲学家。

六

您在哪儿游玩，在哪儿奔走，我一无所知。我每日眺望大路，急不可耐地要把新出版的一本英译《吉檀迦利》送给您，作为见面礼。真是望眼欲穿，枉费心机啊。

好吧，我写信给福克斯·斯特兰韦斯，让他给您一本《吉檀迦利》。可我不知道您又到了哪儿啊。

伦敦有什么新消息吗？请把我的近况告诉我们原先的房东，我们可能5月或6月返回伦敦，如果他家里有空房间，我们还住他家。

我的演讲还没结束。已讲了四场，正写第五篇演讲稿。讲稿已积累了好几篇。从英国各地不断发来演讲的邀请函，但您知道，我独自一人外出旅行，比登天还难啊。没人为我张罗，我寸步难行啊。罗梯在这儿进修，我不想让他分心，儿媳在这儿学习，进步很快。

您大概会见了罗森斯坦，请向他转达我真挚的问候。他的友情，是我渡越大海来到英国获得的无价之宝，我永世不忘。

七

您手上已有一本《吉檀迦利》，把它扔了算了，可以吗？国内的杂志《主角》和《世界》上，没有用甜美语言对您表示欢迎，对此，我本该伤心的，但我心里，感到一种不正当的快感。心里觉得，不管怎么说，有了一位跟我一起受辱的伙伴[①]。

从叶芝[②]处得知，近日在爱尔兰上演了我的剧作《邮政局长》。叶芝说："《邮政局长》在剧院成功演出，这是非常令人鼓舞的。我认为，表演达到了中等水平。演员们不太满意舞台和服装，我们没有足够的时间排练。但总的来说一切顺利，我接触的每个人都喜欢这部剧作。"

《邮政局长》的表演还有提高的空间。在一次聚会上，我读了剧作《齐德拉》的英译本。他们也很喜欢这部剧作。

---

① 当时加尔各答的著名杂志《主角》和《世界》的编辑读了英译本《吉檀迦利》，在各自刊物上嘲讽《吉檀迦利》。泰戈尔在伦敦从加尔各答的朋友的信中，得知了他们的恶意抨击。

② 叶芝（1865-1939）系著名爱尔兰诗人。

然而，我心里并不感到快乐。那躺在荣誉的卧榻上的消息，实在不能让我心里舒服。来自外部的赞誉，装进了我体外的看门人的上衣口袋里。我心房里的人，至今未获得这份赞誉。

在世界之殿里
一片质朴的草叶
和阳光、子夜的星辰一起坐在地毯上
同样
我写的歌曲
在世界的心中
和云彩、森林的乐曲一样
占有一席之地

总有一天将欢聚一堂 [①]

　　正因为存在差别，它们的相聚才是成功的
相聚

今天晚上，你们给予我莫大的荣誉。我未出生在英语氛围之中，我担心我没有足够能力用英语对你们表示感谢。我希望你们予以谅解。虽然我掌握了你们光荣语言的一点儿知识，可我仍只能用自己的语言思考和感知事物。我的孟加拉语，像妒忌的家庭妇女，一直要我为她提供各种服务，在她的王国，她不允许竞争者擅自闯入。因此，我只能明确对你们说，来到英国，你们时刻以真情接待我，我难以用语言讲述我是多么感动。我获得了教益——跨越一千多英里，我的寻求教益之行，是成功的。虽说我们的习俗不一样，但我们的内心是相通的。如同尼罗河畔形成的雨云，葱绿了恒河畔的农作物，东方天空阳光的不瞬目光下形成的理想，也许应该渡海，进入西方——为得到那儿人心中的真诚问候，也为把它在那儿的一切希望变为现实。毫无疑问，东方是东方，西方是西方。只要上帝垂怜，不发生意外，双方可以走到一起——不——依凭友情、温馨和彼此充满敬意的相识，总有一天将欢聚一堂。正因为存在差别，它们的相聚才是成功的相聚。因为真正的差别是不可能消除的——它将把双方带到人类的公共祭坛前面，带到神圣婚礼上相聚的地方。

人的心田是诗人创作的领域 [①]

有的地方云彩飘移，有的地方阳光普照

①　本篇系泰戈尔于 1913 年 11 月 23 日在圣蒂尼克坦杜果园举行的庆祝会上所作的答词。

今天，你们来到这里，以国家的名义给予我的荣誉，我没有能力坦然全部接受。那些民众的领袖，那些奔忙的英雄，理应得到群众给予的荣誉。带领群众做事，他们需要那份荣誉。有些人为救吉祥女神，甘愿成为天帝的搅海杵，像山峰似的，搅动人海，于是人群之浪翻腾，以荣誉之水湿润他们的额头，这是正常的。这就是现实。

　　但是，诗人没有那种鸿运。人的心田，是诗人创作的领域。人心的友情中，才有他诗性的成功。但人心的韵律是丰富多彩的——那儿，有的地方云彩飘移，有的地方，阳光普照。所以，当诗人希求友情的作物时，决不能说，不分男女老少，他将获得全体民众的友情。点燃祭火的人，可以把所有树木当作燃料使用。而承担编织花环的责任的人，只有从树枝和绿叶后面采摘三四朵花的权利。

　　有的人从某个诗人的作品中得到快乐，有的人对他的作品相当冷淡，有的人则直接给予打击，有的人的打击确实落到了他身上。我和你们都知道，我的诗作，也未能躲过这种人性的法规驱策的各种行动。国民手中的诋毁和侮辱，投到我的命运之上，数量不是很少，这些年，我默不作声地收下了。

这时候，我缘何从国外获得荣誉，我至今也不太明白。我坐在大海的东海岸，向他^①呈献祭品，他在大海的西海岸伸出右手，收下我的祭品。这是我事先不知道的。我收到他的恩惠——意味着我获得了真实。

　　不消说，欧洲给了我荣誉的花环，不管出于哪种原因。如果它有什么价值，那价值仅在那儿的名人才子对诗意的体认之中。它和我国没有真挚关系。凭借诺贝尔文学奖，不可能提高任何作品的质量，也不可能增加任何作品的意蕴。

　　所以，你们作为全国的代表，向我赠送荣誉之礼时，我岂能不知羞耻地收下这份荣誉！这份荣誉，我能保存多久！我的这一天，不会成为永远。落潮又会出现，那时，泥泞中的贫乏又会渐渐显露。

　　所以，我双手合十告诉你们，真实尽管严酷，我也会把它顶在头上。但我不能接受短暂而虚假的激情。在有的国家，以琼浆玉液款待朋友和客人。今天，你们友好地把斟满琼浆玉液的杯子送到我面前，我把杯子端到嘴唇边，但我心里不能咽下这琼浆玉液。我要让我的心远离其中的狂热。

---

　　①　指天帝。

通过我的作品，我从你们中间某些人那儿获得了友情。他们早已奖给我难得的财富。但如说我以新的方式表明我有从民众那儿获得新的荣誉的资格，那是很不恰当的。

倘若有人一朝心情愉快，不尊敬别人的每一根刺，就能倏地变成绽放的花朵；抹脏人脸的每一把泥，就能立刻变成檀香膏；所有的阴暗瞬间就能变成光明，那我今天要请求他——用他强壮的臂膀把我保护在幽僻之地，以躲过出人意料的荣誉的巨大打击吧！

我至今想不明白人们 为何喜欢《吉檀迦利》[①]

和风吹拂我的心弦，就会发出音符，你知道，这是我一生的习惯

---

① 本篇系泰戈尔写给侄女英迪拉·黛维的信。

收到你的来信，非常高兴。漂洋过海，最近几乎未听到家人和亲戚的消息。原因是，我主要和波尔普尔的学校通信。另外，有的亲人在来信中谈的事情，对我来说，是不是新闻，已搞不清楚了。所以，我仿佛是这样过日子的：印度时间的钟，没有人上弦，可在这儿，每一秒都爬到秒针的肩上，以嘀嗒嘀嗒的声音，吵得房间快要发疯了。

你在信中谈到了英译本《吉檀迦利》。我是怎样一首首翻译的，过程记不太清了。人们为何如此喜欢它，我至今也想不明白。我不擅长用英语写作，这是显而易见的，可我从不为此感到羞愧，从不怨天尤人。如果有人用英文写信，请我喝茶，用英文写回信，我是没有把握的。你也许会想，我如今应没有这种忐忑了，绝非如此。用英语写文章依然感到是在迷宫里行走。

上次登船的那天，在亲友送别的熙攘中，我突然晕倒。不得不中断出国旅行，返回希拉伊达哈休养。然而，即使大脑没有完全康健，我也无意提出彻底休息的要求。于是，为了安抚心灵，只好着手做并非急迫的事情。

当时正值杰特拉月①，空中弥漫着浓郁的芒果花香，鸟儿的歌鸣陶醉了白天一个个时辰。小孩子浑身有劲儿，通常忘记妈妈。而一旦筋疲力尽，就想坐在妈妈怀里。我的情况与之相似。我静静地坐着，以我的心灵和我所有的闲暇偎依着杰特拉月。它的阳光，它的和风，它的芳香，它的歌曲，一样也不躲避我。在这样的氛围中，是无法默不作声的。和风吹拂我的心弦，就会发出音符，你知道，这是我一生的习惯。可当时我还没有挽袖束腰写新作品的精力。于是就坐下来翻译《吉檀迦利》的一首首诗。你要是问，身子虚弱，你心里怎么还会产生这种冒险的念头？我的回答是，我着手翻译绝无自我炫耀的妄想。以前，在情感的和风吹拂下，心中苏醒了欢乐的情愫，当时有一种冲动，想通过别的语言在心中让它再生。不久，小本子上写满了译文。我把小本子塞进口袋，上了船。之所以这样，是想在茫茫海上心里烦躁时，身靠甲板上的躺椅，再翻译一两首。实际情况也是如此。写了一本，又换一本。

罗森斯坦已从一个印度人口中得知我崭露的诗才。有一次交谈，表示希望看看我的手稿，我心里有些犹豫地把手中的本子给了他。他看了译

① 印历 12 月，公历 3 月至 4 月。

文谈了自己的看法，是我难以置信的。他把我的小本子寄给了叶芝。之后发生了什么，那段历史，你们是知道的。你从我的讲述中至少可能明了，我没有任何过失——事态发展大致就是这样。

你如果问，西方读者为什么接受我的作品？我的回答是：我不只是为写诗而写诗。这些诗是我生命中的东西，是我真实的自我呈现。其间，我一生的全部苦乐和一切求索浑然交融，形成自己的独特风貌。生命的东西在生命的舞台上受到欢迎，我深谙此道，可很难对人解释。

印度一位作家把他的一本书翻成英文，寄给这儿的一个英国人。几个英国人看了以后对他说，这本书如不脱胎换骨地重写，不能出版。这位作家听了责问道："为什么？泰戈尔的语言能被人接受，我的为什么不行？"他犯了个大错误。他以为，作品成功依赖语言。确实，我可以对英语发牢骚，可这辈子从未这样做。但不管是什么原因，我对世界的认知，成为我内心的真情实感。在它的催促下，我着力把它展现了出来。

文学的生命力
在语言的血管中流淌 [①]

文学的生命力在语言的血管中流淌，一旦受到阻挡，原作的心脏就会停止跳动

一

　　坐在缓缓行驶的海轮上，有件事让我心里感到十分惊喜。船上许多英国旅客随身带着我的著作，纷纷请我在书上签名。他们乘船出国有不同的目的，谁也没有想到会在船上遇见我。旅行期间，这些书为我们增添了不少话题。我们的外国旅伴达鲁因说，他常带着我的译著《园丁集》出国旅行。忽然得知那么多人知道我和我的著作，不禁大为惊诧。在这个世界上，对我的真实情况了解得最少、讨论我的作品最少的地方，大概是圣蒂尼克坦了。但圣蒂尼克坦的任何人到欧洲旅行，在比他们更尊重我、更了解我的人那儿，无不得到特殊关照。

　　我从不把自己的观点强加给不愿听的人，但圣蒂尼克坦的学生至少应该知道我作品具有的文学价值。你们离开印度到了外国，就能明白，我与整个世界有着多么广泛的联系。这种联系将带来巨大成果——在世界的历史上，与当地的政治相比，它起的作用更深广，具有更高的价值。这一点，只有我身边的人最不能深刻理解。由于一直存在思想障碍，我未能为圣蒂尼克坦作出更多贡献。所以，那儿工作中的冷漠情绪未能全部消除。然而，长期以来，我在那儿留下的一切以及未留下痕迹就泯灭的一切的一部分，由我带到其他国家，让我感到分外亲切。

目前所谓的成果，是吃苦受累的体现，工作的价值也许打了很大折扣。所以，不图回报，以自己的工作，以自己的生命，让别人成为自己的债务人，是件好事。谋取回报，并非好事。得出最后的结论，需要时间。最好在我寿终之后。

二

我重读了我诗歌的英译本。《采果集》和《情人的礼物》的大部分作品内容太单调了，读着感到歉疚。我用不成熟的手漫不经心地译了这些作品。这些作品应该删除。《游思集》中的几首，也要删除。应当删除的几首，我已打上记号。另外两三首删不删，尚未拿定主意。总之，希望你认真地再读一遍。《渡口集》的许多作品，我比较喜欢。我觉得，《吉檀迦利》之后，可先把它付样。

最好把诗集《吉檀迦利》《园丁集》《新月集》

《游思集》和《齐德拉》《牺牲》等剧本编成一本书。同时，删除其他单行本中一些应删的作品，也可合编成一本书。一部分读者爱读《飞鸟集》和《流萤集》——但不是所有读者都喜欢。你和了解读者兴趣的人商量一下，确定选用其中哪些短诗——我说不好应如何挑选。总之，挑选诗作不必完全由我定夺。你不要犹犹豫豫，因为，在英文作品方面，我丝毫没有作者常有的傲慢情绪。

三

文学的生命力在语言的血管中流淌，一旦受到阻挡，原作的心脏就会停止跳动。没有活力，这种文学作品的内容必然僵化。翻阅我的旧译，我一再产生这种想法。你也许听说过这样一个故事：小牛犊死了，身边少了它，母牛就不产奶。于是，有人把死牛犊的皮剥下来，牛皮里塞满稻草，做成一个假牛犊。闻到它的气味，看到它的模样，母牛的乳房里便又流出奶来。翻译，就是那种死牛犊的模样。它没有叫声，只有哄骗。为此，我心生愧疚和懊悔。

只要我的文学作品不是短命的，不是属于一个省的，不管什么时候，谁对它产生兴趣，就可以在我的语言中，看到它的真貌。了解其真貌没有别的办法。在这条正确道路上，如果谁很晚才知道真相，吃亏的是他，作者没有任何责任。

这时我骤然苏醒
听见夜间的清泉仍在潺潺流淌
雪松飒飒作响

我被西方接受是个奇迹 [①]

大概在二十五岁那年，我经常待在孟加拉偏远村庄旁边流过的恒河上的一只船上，过着几乎与世隔绝的隐居生活。秋天，从喜马拉雅山的湖泊飞来的野鸭，是我生活的唯一伙伴。在偏远地区，我仿佛畅饮着洒遍无垠天空的阳光的琼浆。河水潺潺地对我诉说，告诉我自然的秘密

---

① 本篇系泰戈尔于 1921 年 5 月 26 日在瑞典斯德哥尔摩接受诺贝尔文学奖的受奖词。

我终于来到你们的国家，感到十分高兴。你们认可我的作品，授予我诺贝尔文学奖，使我深感荣幸，让我借此机会对你们表示感谢。

　　记得那天下午，我收到我作品的英国出版商发来的一份电报，得知我被授予文学奖。当时，我在你们也许知道的圣蒂尼克坦一所学校里。那一时刻，我正前往学校附近的树林，去参加一个联欢会。经过电报局和邮局，一个人朝我们奔来，手里举着一份电报。我正陪着一位英国客人坐在一辆四轮马车上，并未想到这份电报是多么重要，随手把它塞进口袋里，心想到了目的地再看吧。我的客人似乎猜到了电文内容，说里面有喜讯，催我马上看，我拆来一看，觉得简直难以置信。起初我暗想，可能电报文字译得不太准确，我可能误解了电文。但最后我看得清清楚楚，这是真的。对我学校的孩子和老师们来说，这是一件大喜事，这一点，你们想必是能理解的。比起其他事情，更让我感动的是，这些爱我的也被我深爱的孩子，对这种荣誉授予他们对其深怀敬意的一个人感到无比骄傲。我意识到，我的国人将分享给予我的荣誉。

　　整个下午，是在欢庆的气氛中度过的。日暮黄昏时分，我独自坐在平整的楼顶上，扪心自问，究竟是何原因，我的诗歌为西方所接受所称道——全然不管我属于不同的民族，全然不管千山万水使我远离西方的儿童，天各一方。在此我对你们坦言，我为此并未欣喜若狂，而是怀着一颗疑惑的心向自己发问，那时我感到我是谦卑的。

我清楚地记得，年轻时我的人生事业是怎样向前迈步的。大概在二十五岁那年，我经常待在孟加拉偏远村庄旁边流过的恒河上的一只船上，过着几乎与世隔绝的隐居生活。秋天，从喜马拉雅山的湖泊飞来的野鸭，是我生活的唯一伙伴。在偏远地区，我仿佛畅饮着洒遍无垠天空的阳光的琼浆。河水潺潺地对我诉说，告诉我自然的秘密。我在穷乡僻壤消度岁月，做着绚丽的美梦，在诗歌和研究中实现我的梦想，通过杂志和报纸，把我的所思所想传递给加尔各答的民众。你们可以想到的是，这是与西方截然不同的一种生活方式。我不知道在你们西方诗人和作家中，是否也有谁在类似的幽僻之地消度过大部分青春年华。我有九分把握地说，这在西方是不可能的，西方世界没有这种隐居之地。

我就这样一天天过日子。在那段时间，对绝大部分国人来说，我是一个无名之辈。我的意思是说，在其他省份，我的名字几乎无人知晓。可我对默默无闻地度日相当满意。它遏制了我对尘世浮嚣的好奇。

之后终于有一天，我感受到了心里产生的离开僻远之地的愿望，我应为我的同胞做些实事，不能只考虑实现自己的梦想，不能一味考虑个人生活问题。我应通过一些具体工作，踏踏实实地为同胞服务，以此表明我的一些理念。

我想到的一件事情，想做的一项工作，是为孩子们教书。从事教育的原因，并非我特别适合教书，我并未充分受益于正规教育。有时候，我承担这项责任是犹豫的。但我觉得，就像我深爱自然一样，我也会自然而然地爱孩子们。我的目的，是创办一所学校，给孩子们茁壮成长的快乐生活和与自然相处的充分自由。小时候，我也经历过大部分孩子进了学校，忍受强加在身上的桎梏的折磨。我不得不在教育的机器中爬行，这种机器压碎孩子们渴求的生活的快乐和自由。我的宗旨，是给孩子们做人的自由和愉快。

我和几个孩子朝夕相处，我为他们上课，想方设法让他们开心。我和他们一起做游戏，是他们的伙伴。我分享他们的单纯生活，感到自己是他们中年纪最大的孩子。在自由的氛围中，我们一起成长。

孩子们的朝气和快乐，以及空中回荡的融合他们喜悦情绪的话语和歌声，我在那儿每日品尝。傍晚夕阳徐徐下坠，我常独自静坐，注视着绿荫斑驳的土路。在宁静的下午，我每时每刻听见孩子们稚嫩的声音在空中萦回。恍惚之间，我感到，他们的歌声和欢声笑语就像那些树木，来自大地的心房，也像生命的喷泉，喷向天空的宽广胸脯。它仿佛在把人类生活的呼唤、所有愉快的倾诉和从人类之心腾向长空的人的志趣送到我的心灵之前。我清晰地看到那一幕，我体会到我也是在成长的孩子，也把自己心志的呼喊送到上帝面前。我感到，他就在我内心深处。

在这样的环境和氛围中，我着手写《吉檀迦利》的歌曲。午夜，在印度天空的璀璨繁星下，我自吟自唱。在清晨的曙光和傍晚的夕辉中，我创作一首首歌曲，直到第二天来临，急忙走到户外，贴近大千世界之心。

我发现，我离开往日生活的偏僻之地，来到这些欢快的孩子们中间，为我们的同胞尽心尽力，这不过是我朝觐大千世界的序幕。我感觉到了走出国门与西方群众接触的强烈愿望，因为我意识到，现代是属于精力极其旺盛的人的。

西方人已获得全世界的力量。他的生活已越过一切界限，把信息向悠远的未来传送。我觉得我应该在我离世之前，前往西方，会见神秘圣地的人，在那儿，神祇有自己的住所和庙宇。我想，那个有神性的人带着他的全部力量和人生志趣，住在西方。

所以，我出国访问了。我用孟加拉语写完《吉檀迦利》的诗歌之后，把它们译成与我通晓的母语完全不同的英语，当时并无出版的意愿。可我前往西方国家，随身带着手稿。你们知道，这些诗歌被送到英国民众面前，最早有机会阅读手稿的一些人，对它大为称赞。我被别人接受了，西方的心扉随之对我敞开了。

我活在世上五十年，远离社会活动，远离西方，可几乎在一个瞬间，我被当作一个西方诗人，被西方接受，这委实是个奇迹。这使我非常惊讶。但我觉得，这可能有深层意义。我在隐居之地度过了好些年，远离尘世生活，远离西方精神。我给他们带来了浓郁的闲情逸致、心境的宁静和恒久的情感。这些恰恰是过于繁忙的西方民众所需要的情愫，他们在内心深处仍渴望安宁，永久的安宁。我从小就适合在异常幽静的恒河岸边接受文艺女神安排的训练。那些年的淡定储存在我的本性中，所以我可以带出去，呈现在西方人面前。我奉献给他的一切，被他感激地接受了。

我知道，我不应该把那些赞美当作对我个人赞美而接受。是我心中的东方把它的东西给了西方。难道东方不是具有博爱精神的母亲？难道西方，以及西方的儿童玩耍做游戏受了伤，或者感到饥饿时，转过身子面对的一位安详的母亲，不是东方吗？难道他们不期盼有食物从她那儿送来吗？他们精疲力竭时，难道不期待夜间安心歇息吗？他们难道会失望吗？

　　我是幸运的，当西方又转过身子面对东方，寻找一些营养之时，我来到了这儿。我之所以能代表东方，是因为我得到了东方朋友们的首肯。

　　我可以让你们放心的是，你们给我的奖金，没有被我挥霍。我个人无权接受它。所以，我用它做其他事情了。我把它捐给了东方的孩子和学生。然而，它像一颗种子，播进土壤，发芽生长，又回到播种者手中。它成为果实，为他们带来好处。我用你们给的这笔钱，后来创办和管理一所大学。我觉得，这所大学应该是西方学生前来和东方兄弟会见的场所。他们可以一起工作，追寻真理，努力发现千百年隐藏在东方的珍宝，测算人类需要的东方的精神资源。

　　印度在它文明的光荣历史上的一天，有了一所重要大学。我乐意提醒你们想到这一天。阳光灿烂之时，它不会蜗居井底。它属于全世界。印度文明充满辉煌、智慧和财富。这所大学不会只为印度孩子所用。它敞开大门，迎接、接待各国人士。中国、日本、波斯等国家的人来到了这所大学。他们有了获得印度的珍奇——献给一个个时代和人类的礼物的机会。印度奉献珍奇是慷慨的。你们知道，不向学生收取作为学费的物品，不把学费当作教书的回报，是我国的传统。因为，在印度，我们认为，知识渊博的人有责任把知识传给学生。这不只是学生入学跟老师学习知识的一件事，也是老师把最好的礼物献给一切需要的人，实现人生抱负的大事。这是自我表现的需要，是奉献印度一切积累的需要，是奉献她的一切珍藏的需要，这样做是可能的，这也是印度各省创建大学的缘由和动机。

我觉得，我们如今吃的亏不是别的，而是吃了孤陋寡闻和离群索居的亏。我们错过了款待外国人和邀请世界分享我们已拥有的精品的机会。一百多年来，我们与西方国家接触，看到它们相对于东方人和东方文化的物质优势，我们失去了对印度文明的信任。在教育机构中，没有为我们的文化做必要的积累工作。一百多年来，我们的学生上学，被人教得对过去有价值的文明一无所知。这样，我们不仅失去了与隐藏在我们遗产中的精品接触的机会，也丧失了可能为人类文明作出贡献的荣誉，失去了献出我们的一切的机会，失去了表明我们并非只向别人乞求，并非只借鉴别人的文化，并非年年岁岁活得像个小学生的机会。

但现在不应该再浪费机会了。我们应尽最大努力展示我们拥有的一切，不应当再一个又一个世纪，在一片又一片土地上，在别人面前显露我们的贫乏。我们知道我们应为什么而骄傲，我们从祖先那儿继承了什么，赠送自己东西的机会不应再被丧失——这不仅是为我们印度人民，也是为了整个人类。

这就是促使我下决心创办一所国际大学的缘由。在这所大学里，东方和西方的学生相聚一堂，共享精神佳肴。

为此，我可以骄傲地说，你们给我的奖金为实现我心中的崇高目标作出了一定的贡献。这让我得以再次来到西方，邀请你们出席在遥远东方为你们准备好了的盛宴。我希望我的邀请不会被拒绝。我已访问了多个欧洲国家，受到了热烈欢迎。这样的欢迎说明，如同东方需要西方，西方也需要东方，它们相聚的时候到来了。

我很高兴，我属于这个伟大时代。当东方和西方即将走到一起的时候，我也为我做了一些实事、对这个伟大时代有所表示而感到高兴。它们双方正迎面走来，即将见面。它们收到了彼此会见、携手共建未来的崭新文明和伟大文化的邀请。

　　我真切地感到，通过我的作品，我的一些想法已对你们表述。虽然表述不太清晰，可通过我的译作，一些思想已属于东方和西方，一些产生于东方的理念，已经传到西方，期望在这儿歇息、长住、受到欢迎，并被西方接受。如果在我的译作中，我极为幸运地诠释了时代的需求，我深深地感谢你们给了我这种美好的机会。我从瑞典获得的认可，把我和我的作品推到西方民众面前。坦白地对你们讲，这也给我带来一些麻烦。它打破了我业已习惯的隐居生活，把我带到我一向不习惯面对的广大民众面前。我至今还不太适应。当我在西方站在一大群人面前时，我蜷缩在我的心里。我还不习惯于接受你们赠送赞美的重礼的方式。站在你们面前，我感到羞愧，此时此刻也是如此。我只能说，我感谢上帝给了我千载难逢的机会。我成了一根维系和连接东西方之心的琴弦。我要终生履行这样的使命。我要做我能做的一切。东西方之间的宿怨应该消除。在这方面我应有所作为。怀着这个志向，我着手创办学校。

我不认为拒绝其他事物、拒绝其他民族、拒绝其他文化是印度精神的体现。印度精神历来宣扬聚合的理想。这种聚合的理想从不拒绝其他事物、其他民族、其他文化。它兼容一切，成为我们精神追求的最高目标，并一心一意地感悟万物，融合本真的万物，不将任何东西置于大千世界之外——以爱和同情心接受万物。这就是印度精神。在政局不稳的当下，同一个伟大印度的儿女们，高喊拒绝西方的口号，让我感到痛心。我觉得，这是他们从西方获得的一个教训。这不是我们的使命。印度要团结所有的民族。

　　在印度，由于这个原因，我们民族的团结未能实现。民族问题是印度的一个大问题，它也是整个人类的问题。我们有达罗毗荼人、伊斯兰教徒、印度教徒、各种教派和族群。所以，没有一种政治团结的外在纽带能够吸引我们，让我们满意，是我们心目中永久的真实。我们必须进入更深的层面。我们必须发现最深处的团结，发现不同民族之间的精神团结。我们必须深入人的精神层面，发现更宽大的团结纽带。它在各个民族中间也将被发现。为此，我们做了充分准备。我们印度的先哲和大文豪倡导团结的宗教和悲悯情怀。他们说："他视万物为自身之物，他感知的万物就是他自身，于是认识了真理。"这样的真理，不仅将被东方的也将被西方的儿女们再次认识到。别人也会让他们记起这不朽的伟大真理。人降生凡世不是为与其他人或其他民族拼杀的。他要做的事情，是带来亲善和安宁，重编友谊和爱的纽带。我们不是彼此撕咬的野兽。在我们的生活中占据主导地位的是生灵，而生灵自己制造隔阂，加大苦难、忌妒、憎恨，扩大政治和商业冲突。如果我们步入圣殿，进入一切民族的爱和团结之心，所有的迷惘将烟消云散。

为了印度这个崇高使命，我创建了这所大学。此时此刻，我有了邀请你们的机会。我邀请你们走到我们中间，与我们肩并肩，手拉手，不让这所学校只归我们所有，而让你们的学生和知识分子走到我们身边，帮助我们使这所大学成为东西方共同的大学。他们一生可以做出贡献，我们可以一起把这所大学办得生机勃勃，成为不分裂的世界人类的代表。

为此，我已走到你们面前，恳请你们以人类团结的名义，以爱的名义，以上帝的名义，关注我们的大学。来吧，我盛情邀请你们走进我的大学。

诗人叶芝

迥异的光泽不是排他的，它们可以带着奇丽
浑然交融

诗人叶芝在人群中非常显眼，一眼就看出他是个出类拔萃的人物。他高大的身材几乎超过周围所有的人，给人以才华横溢的印象。造物主的创造力仿佛陡然增加，像喷泉似的，将他从平地高高地托起。他的形体和灵魂，均让人感到极其充实。

读了英国一些当代诗人的作品，我觉得他们是文苑的诗人，而不是世界诗人。英国诗歌创作历史悠久，积累了丰富的诗歌词句和隐喻等修饰手法。最后形成的局面是，诗人似乎不深入诗的基本源泉，照样有诗的灵感，技法可臻于圆熟；换言之，他们不再感到要从心里抒唱，诗歌可以再生诗歌。情感中生发不出诗行，单从诗集采撷诗句，技巧难免走向复杂和雕琢。激情不作为心灵直接而凝重的元素，便不再是纯净的了；它自己不相信自己，强迫自己投奔繁复；对它来说，新鲜的东西别扭得很，为了独树一帜，只得依靠波诡云谲。

将华兹华斯 ① 和斯温伯恩 ② 的作品做一番比较，就很容易理解我的看法了。在那些不属于世界只属于文苑的诗人中间，斯温伯恩的诗才首届

---

① 华兹华斯（1770—1850）系英国诗人。
② 斯温伯恩（1837—1909）系英国诗人及批评家。

一指。在辞藻的舞厅里，他不凡的技巧带来的欢乐，令他如痴似醉。他用音韵的彩丝织成奇特绚丽的画面。这是难得的成就，但不是传遍世界的业绩。

华兹华斯诗歌的情韵中有心灵与自然的直接碰撞，因而极为朴实，当然朴实不等于平浅。有些读者并不欣赏它。其实，抒发真情实感的诗作，像花儿、果实一样圆满，不必多加阐释。换句话说，不必矫揉造作地美化自己，羼入软弱的感染力。它客观地表露，读者可以根据各自的审美趣味，鉴赏、咀嚼。

有些作者生来不容感知和被感知的事物之间存在隔离带，怀着毫不动摇的信念，以心灵的语言表现世界和人类生活的情趣，从而勇敢地跨越同代诗歌文学的一切虚伪。

彭斯①出生于英国诗风绮靡的时代。但他以整个心灵去感受、去吟唱，奋力突破刻板章法的羁绊，在胸怀宽广的苏格兰诗坛上从容地登上自己的座位。

英国当代诗苑里，叶芝受到特别的赞赏，根

① 彭斯（1759—1796）系苏格兰诗人。

由也在于此。他的诗歌没有落入回声般的俗套，而是真心的袒露。所谓"真心"，需要解释一下。金刚石通过反射天空的阳光表现自己，可是人心不能在躯壳里显示自己，躯壳里是黑暗的。它只有通过反映比自己更加高尚的东西，在高尚之物的光华中显露自己，同时也折射那种光华。诗人叶芝的诗篇中，展现的是爱尔兰广博的心。

或许需要说得再清楚一些。太阳平等地照耀一朵朵云彩，由于云的位置和形状不同，反射的光泽也不一样。可是迥异的光泽不是排他的，它们可以带着奇丽浑然交融。然而，染色的棉花，纵然使出全力，也不能像云彩那样互相融合。

同样，不管是爱尔兰、苏格兰，还是别的国度，民众的心里射入世界的光华，反射出来的是迥异的光泽，人类的心田因而色彩斑斓，绚丽多姿。

诗人并非单单折射情愫之光，他采集他所在国度的心的色泽，以特殊方式把情愫之光美化后再加以折射。我不是说人人胜任这项工作，可胜任的是幸运儿。印度的毗湿奴派孟加拉诗集，堪称世界名著。它将世界的瑰宝回赠世界，其间它掺入的特殊情味，斟满意象之杯。

人世的战场上以搏杀为业的人，臂膀上系着

365

符箓，身披甲胄，举着盾牌。若不如此，步步将遭受到致命的打击。但以袒露内心世界为业的人，甲胄的匮乏是他合适的装束。与诗人叶芝交谈，我不由产生这样的想法。他以无垠心空的爱抚覆盖人世，他对人世的观察，和一般人立足于各种教育、习惯、模仿所进行的观察截然不同。

诗人叶芝让他的诗歌之河在爱尔兰古朴的阡陌上潺湲流动；对他来说这很自然，使他赢得了无与伦比的荣誉。他不是用眼睛用知识，而是用灵魂接触自然。自然在他眼里不独是物质的，他在山川感知的鲜活境界，只有想象才能抵达。若用现代文学惯常的技法加以表现，其情味和活力顿时丧失殆尽。因为所谓现代手法，本质上不是新的，而是衰颓的；滥用使之生了硬茧，反应迟钝。两者有些像灰烬和灰烬下的煴火。火比灰年长，却年轻活跃，灰烬是现代的，却是老朽。纵观历史，诗歌摈弃历代的现代语言，朝前迈进。

在爱尔兰，着意显示其独特心灵，运用自己的语言、故事、传说的过程中，一个个天才脱颖而出，占据了适当的领域。叶芝是他们中间的一个，他使爱尔兰的心声在世界文坛上胜利地回荡。

叶芝把爱尔兰胜利的旗子插上世界文坛之

前，爱尔兰文苑一片萧瑟。政治对抗已告结束，接踵而来的是政治扭曲了的岁月。险恶的用心排斥情感的力量，仍占上风。

一位批评家这样评论叶芝：在那种恶劣的境况下，出现了先锋战士叶芝。他汹涌的激情电光闪烁的时候，听不见社会毁灭的轰响。战无不胜的人的灵魂认识了自己，用无形手指扪触人世惊天动地的兴衰奥秘；它为平静遍布广袤的天宇而快慰。诗人叶芝在自己中间表现人心冲破羁绊，以深沉细致的力量唤醒叛逆的心志。他倾吐心灵的话语，是爱尔兰的，也是人类的。他广收博采昔日诗人写作技巧的精华，最终形成自己的风格。他关注自然细微的美质，掌握了语言蕴含的音乐美。他获得成功依凭的是：优美细腻的歌韵，与自然密不可分的联系，新奇的表现手法，和充满自信的自由想象。

想象这个字是切合诗人叶芝的创作实践的。想象在他不是游戏的材料，他在生活中接受了借想象之光观照的真实。也就是说，想象不单是他诗歌事业的一种工具，也是他生活的要素。他借此从人世汲取精神营养。这是我与他多次交谈后的看法。我尚未得到通读他的诗集认识他是诗人的充分机会，但与他在一起，我深切地感到，他以想象之光照亮的心，热情地拥抱着他的环境。

一百年后读我的书的读者，你是谁呀？
我不能送给你富饶的春天的一朵花，也不能送给你云彩的一缕金晖。
打开你的门，举目远望吧。

从你百花盛开的花园里，
采撷一百年前消逝了的鲜花的芳香回忆吧。

在你内心的欢乐中，
愿你感觉到一个春天的早晨歌吟的鲜活的欢乐，
把它喜悦的声音，传过整整一百年。